국어 탄탄 공부법

《 실력이 착착 쌓이는 하루 10분 국어 습관 》

국어 탄탄 공부법

장희윤 지음

보랏비소
Borabit & Cow

왜 '국어 공부'가 중요할까?

2020년 4월 9일, 대한민국은 코로나19로 인해 사상 초유의 온라인 개학을 맞이했다. 원격 수업으로 신학기가 시작되자 구두로 전달되던 수많은 공지사항은 온라인 메신저나 가정통신문 앱(애플리케이션)을 통해서 문자언어로 배포되었다. 그러자 예상치 못한 일이 발생했다. 학생들이 원격 수업 플랫폼에 게시된 공지사항이나 개별 발송된 메시지를 제대로 이해하지 못하여 교사에게 몇 번씩 되묻기도 하고, 수업 내용을 제대로 파악하지 못해 엉뚱한 과제를 수행하는 일이 빈번해졌다. 교사들은 부랴부랴 학생들이 내용을 좀 더 직관적으로 이해할 수 있도록 글자를 줄이고 그림이나 표, 그래프로 만들어 전달했다. 학생들의 문해력 수준이 얼마나 떨어졌는지를 새삼 느낄 수 있었다.

각종 SNS와 OTT 등으로 하루를 시작하고 마감하는 오늘날에도 문해력은 여전히 중요하다. 간혹 '독해력'이라는 말을 쓰기도 하는데 엄밀하게 독해력과 문해력은 차이가 있다. 독해력이 글을 이해하는 능력이라면, 문해력은 말하기, 듣기, 읽기, 쓰기와 같은 언어의 모든 영역을 포괄하는 능력이라 볼 수 있다. 생각을 글로 쓰거나 말하거나 매체를 활용해 표현하는 생산적 능력까지 포함하는 포괄적인 개념이다.

〈문해력의 개념과 국내외 연구 경향〉* 논문에서는 사회적 불평등 및 왜곡된 구조를 변화시키기 위해 글을 비판적으로 읽고 쓸 수 있는 능력을 문해력으로 정의한다. 다시 말해 문해력이란 텍스트를 비판적으로 읽고 창의적으로 생산하는 의사 소통 능력이라고 볼 수 있다. 디지털 시대가 도래하고 영상 매체를 활용한 소통이 활발해지면서 기존의 문해력은 디지털 문해력(digital literacy)이라는 개념으로까지 확대되었다.

이러한 흐름과 맞물려 교육계에서는 문해력 향상이 뜨거운 감자다. 혹자는 초등 문해력이 수능 국어 1등급을 결정한다는 무서운 이야기까지 할 정도다. 물론 일부 타당한 이야기다. 어릴 때부터 책을 좋아하고 꾸준히 독서를 한 학생들은 별도로 공부를 안

---

* 윤준채, 국립국어원, 새국어생활 제19권 제2호, 2009.

해도 비교적 쉽게 수능 1등급을 받곤 한다. 이러한 학생들은 문제에서 요구하는 바를 정확히 파악해 정답을 골라낼 줄 안다. 또한 수시 면접에서도 질문의 요지를 간파해 일목요연하게 말하는 발표력을 보여 주기도 한다. 그렇다면 어릴 때부터 책을 별로 읽지 않았고 국어를 공부하지 않았다면, 이제 어떻게 해야 할까? 일찌감치 '국포자(국어를 포기하는 사람)'의 길을 선택해야 할까?

그렇지 않다. 영어와 같은 외국어도 매일 꾸준히 하다 보면 실력이 향상되는데, 모국어인 국어를 포기할 이유는 없다. 어릴 때 독서를 많이 안 했다는 이유로 겁을 먹을 필요도 없다. 지금이라도 조금씩 해 보겠다는 굳은 의지면 충분하다. 그 마음으로 지금 당장 국어 공부를 시작해 보자.

국어 교사로서 학생을 만날 때면 언제나 안타까운 마음이 든다. 국어를 마치 암기 과목처럼 기계적으로 공부하는 학생, 수학처럼 문제 풀이만으로 국어를 공부하는 학생들을 마주할 때마다 제대로 된 국어 공부법을 알려 주고 싶었다. 하지만 수업 중에 국어 학습 전략을 충분히 전달하기에는 현실적인 제약이 있었다. 게다가 학생들마다 국어 실력이 천차만별이다 보니 하나의 방법론을 뭉뚱그려 제시할 수도 없었다. 누구나 쉽게 실천할 수 있는 국어 공부법을 알려 줄 수는 없을까? 이러한 고민 끝에《국어 탄탄 공부법》을 집필하게 되었다.

이 책은 총 3부로 구성되어 있다. 1부에는 중고생이 국어 교사에게 가장 많이 하는 질문 7가지를 엄선해서 실었다. 이제 막 국어 공부를 시작하는 학생들이 제일 궁금해하는 것들과 답을 통해 여러분의 궁금증을 해소할 수 있을 것이다. 내가 궁금한 것은 남들도 궁금하다는 불변의 진리를 경험하며 재미있게 읽어 나갈 수 있을 것이다.

2부에는 학원에 가지 않고도 스스로 공부할 수 있는 '자기 주도적 국어 학습법'을 영역별로 정리해 담았다. 국어 공부와 관련된 책이 많지도 않지만 있다 하더라도 대부분 '읽기'나 '쓰기'에 국한되어 있다. 최신 교육과정인 2022 개정 교육과정에서는 국어과 공통 교육과정의 영역을 듣기·말하기, 읽기, 쓰기, 문법, 문학, 매체 등 6가지로 나누는데, 이 책에서는 이를 고려해서 듣기·말하기, 읽기, 쓰기, 지식(문법/문학/매체) 등으로 구별해 실제적인 국어 공부법을 전달하고자 한다.

3부에서는 인생을 바꾸는 '10분 국어 습관'을 소개한다. 하루 10분을 투자해 기적적으로 국어 실력을 쌓을 수 있는 실천법으로 구성했다. 국어 공부를 시작하고 싶지만 어떻게 해야 할지 몰라 난감했던 학생들에게 친절한 지침이 될 것이다.

국어 공부로 고전하는 대한민국의 모든 학생들에게 이 책이 한 줄기 빛이 되기를 바란다. 또한 국어 학원 외에는 다른 대안을 찾

국어 탄탄 공부법

지 못해 고심하는 10대 자녀를 둔 부모들께도 도움이 되기를 희
망한다.

2024년 9월

장희윤

차례

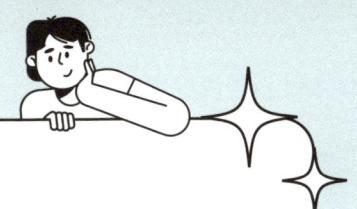

3부 인생을 바꾸는 하루 10분 국어 습관

1부

중고생이
가장 많이 묻는
국어 고민 7가지

어릴 때 책을 많이 안 읽었는데
어떻게 하죠?

　우리가 어떤 습관을 들이기 위해서는 최소 3주 동안 꾸준히 반복하는 시간이 필요하다. 어릴 때 책을 별로 안 읽었다고 하더라도 국어 공부를 해야겠다고 결심한 시점에는 국어 공부를 위한 시간을 마련해야 한다. 그중에서도 독서 시간은 반드시 필요하다. 극단적으로 내일모레 수능을 보는 고3이라도 문학이든 비문학이든 일단 가리지 않고 읽어야 한다.

　우선 10·10·10으로 국어 공부를 시작해 보자. 독서 10분, 문제 풀이 10분, 글쓰기 10분. 처음 시작할 때는 '설마 이 정도도 못 하겠어?' 싶겠지만 막상 해 보면 생각보다 쉽지 않다. 책을 안 읽던 사람에게 10분은 꽤 긴 시간이며, 지문이 길 경우 10분 안에 몇 문제 못 풀 수도 있다. 또한 평소 글을 안 쓰다 쓰려면 무엇을 쓸

지 고민만 하다 10분이 다 지나갈 수도 있다. 운동을 골고루 해야 몸에 고르게 근육이 붙는 것처럼 공부도 골고루 해야 실력이 빈틈없이 향상된다.

읽기와 문제 풀이는 처음에는 조금 힘들겠지만 계속하다 보면 어느 정도 익숙해진다. 그런데 마지막까지 난감한 것이 바로 쓰기일 것이다. 우리가 할 글쓰기란 거창한 문학 작품 쓰기가 아니다. 문제 풀이에 대한 생각을 쓸 수도 있고, 지금 하고 있는 공부에 대한 어려움을 쓸 수도 있다. 오답 노트나 학습 일기도 좋다. 내가 무엇을 못 했고 잘했는지 점검하며 느낀 점을 쓰는 것은 '메타인지'를 활용한 훌륭한 글쓰기 방법이다. '메타인지'란 내가 어떤 공부를 어떻게 하고 있는지에 대해 인지 활동을 조절하고 점검할 수 있는 사고 기능을 말한다. 우리는 메타인지를 활용해 학습을 계획하고 조절할 수 있으며, 그 계획을 잘 실천하는지 점검하고 수정할 수 있다.

복잡한 생각이나 결심을 머릿속 생각으로 끝내지 말고 내 언어로 문장화시켜 기록해 보자. 3주간 매일 꾸준히 실천해 습관을 들인다면 국어에 대한 흥미가 생기고 자신감이 샘솟는 것을 느낄 것이다. 막막하기만 했던 국어 공부가 사실 별것 아니었음을 몸소 체감하기 위해서 이 단계는 필수적이다.

글은 유기체이자 복합체다. 단어가 모여서 문장이 되고, 문장이 모여 문단이 된다. 이렇게 구성된 문단들이 모여 하나의 글이 완성된다. 따라서 글 전체를 이해하려면 하위 단위인 문단을 이해해야 하고, 문단을 이해하기 위해서는 문장을 파악해야 한다. 그리고 문장의 의미를 정확히 알려면 단어의 의미를 알고 있어야 한다.

그간 독서 경험이 부족했다면 독서 경험이 풍부한 사람들에 비해 이해 어휘(언어 사용자가 듣거나 문자를 보고 이해할 수 있는 단어의 총칭)나 표현 어휘(언어의 사용자가 쓰는 단어)가 부족할 가능성이 높다. 어휘력의 부족은 듣기나 읽기 같은 '수용 영역'에서도 드러나지만, 말하기나 쓰기와 같은 '표현 영역'에서도 극명하게 드러난다. 어휘력이 좋은 사람은 적재적소에 필요한 단어를 잘 사용할 뿐만 아니라 비유적 표현, 관용적 표현도 문맥에 맞게 구사한다. 그렇지 못한 사람의 경우 조금만 생소한 어휘를 만나도 사전적 의미는커녕 문맥적 의미도 유추하지 못한다. 탄탄한 어휘력이 뒷받침되어야 국어 실력을 향상시킬 수 있다.

그런데 '어휘력'이라는 게 참 난감하다. "국어 공부 시작!" 하고 어느 날 갑자기 외친다고 해서 어휘력이 생기는 것이 아니다. 모자란 독서 경험을 채우려면 어휘를 반복적으로 이해하고 사용하는 노력이 뒷받침되어야 한다. 책을 읽거나 교과서를 볼 때 잘 모르는 단어가 나오면 표시를 하고 수첩에 적어서 나만의 단어장을 만들어야 한다.

요즘은 수첩에 적지 않더라도 '디지털 단어장'으로 부족한 어휘력을 보충할 수 있다. 화장실에 갈 때도 필수로 지참하는 게 스마트폰인 만큼 자주 보기만 한다면 디지털 단어장도 꽤 효과적이다. 단, 디지털 단어장은 만들어 놓고 방치하면 아무런 의미가 없다. 마치 꿀단지를 자주 들여다보듯, 틈틈이 보고 상기할 때 비로소 단어장의 효용성이 발휘된다.

디지털 단어장을 만들 때 네이버 국어사전 앱을 이용해 만들면 편리하다. 사전적 의미와 예문을 함께 볼 수 있다는 점에서 장점

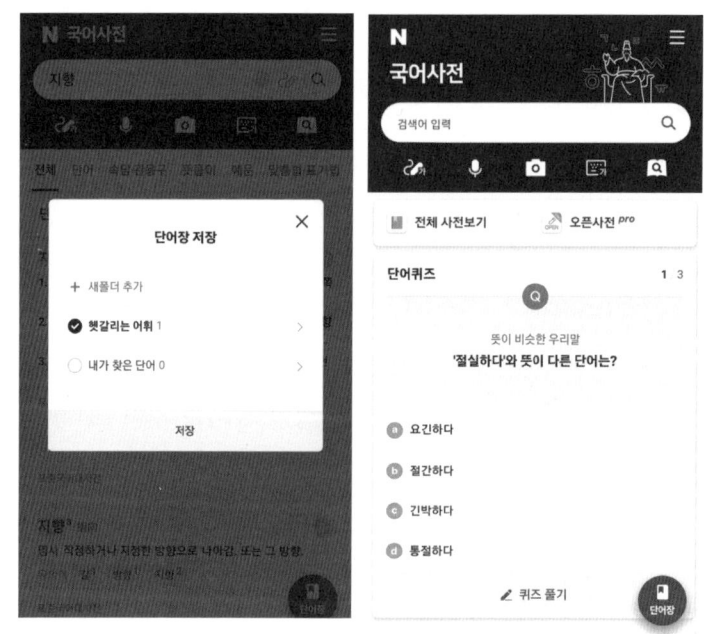

네이버 국어사전

이 있으며 기록한 단어를 가나다순으로 정렬하여 볼 수 있다. 또 중간중간 국어 퀴즈를 풀면서 헷갈리는 맞춤법이나 알쏭달쏭한 우리말, 속담을 익히는 재미도 경험해 볼 수 있다. 세상에 하나뿐인 나만의 맞춤 단어장을 만들어 보자.

우리가 단어장에 적어야 하는 어휘는 대부분 일상에서 잘 쓰지 않는 문어체에 가까운 것들이다. 언어의 표현 방식은 크게 '구어체(口語體)'와 '문어체(文語體)'로 구분할 수 있다. 구어체란 우리가 일상생활에서 말하는 어투로 단어의 수가 한정적이다. 어린아이부터 노인까지 소통이 가능한 단어들로 이루어져 있어서 의미가 간단하고 쉽다. 시대적 흐름이나 유행 등을 반영한 신조어도 포함되어 있다. 반면, 문어체는 글에서 사용하는 어휘로 공식적인 문서에 사용되는 문체다. 문어체에는 특정 분야에 종사하는 사람들이 쓰는 전문어가 많고, 한자어도 많이 섞여 있다.

단어를 잘 이해하려면 그 단어가 사용되는 글의 맥락을 자주 접해야 하는데 일상생활에서는 주로 구어체를 접하다 보니 글에서 많이 사용되는 단어들은 대체로 생소하다. 따라서 단어장을 활용하여 문어체에서 자주 접할 수 있는 단어를 친숙하게 만드는 것이 중요하다.

구어체	일상생활에서 말할 때 쓰는 단어로 한정적임. 어린아이부터 노인까지 소통이 가능한 쉬운 단어. 시대적 흐름이나 유행을 반영한 신조어도 포함.
문어체	공식적인 문서에서 사용하는 어휘로 구성됨. 특정 분야의 전문어가 많음. 구어체보다 한자어가 많이 섞여 있음.

구어체와 문어체의 비교

어릴 때 문턱이 닳도록 도서관에 드나든 학생이라 할지라도 지금 책을 읽지 않는다면 애독자(책을 즐겨 읽는 사람, 일주일에 1권 이상)에서 비독자(책을 전혀 읽지 않는 사람)로 전환된다. 뇌에는 신경세포들이 아주 복잡한 신경망을 이루고 있고, 한 개의 신경세포는 몇천 개의 다른 신경세포와 신호를 주고받는 시냅스로 연결되어 있다. 그런데 이 시냅스는 자극을 받지 않으면 불필요한 것으로 여겨져 잘려 나간다.*

어릴 때 독서를 많이 했던 사람일지라도 청소년기에 독서를 하지 않게 되면 독서와 관련된 시냅스가 잘린다. '나는 어릴 때 독서왕이었으니까 괜찮겠지.'라는 생각으로 독서를 게을리하고 있다면 방심한 사이에 국어 성적은 급속도로 하강할 것이다.

우리가 하루에 SNS, 유튜브, 게임 등에 빼앗기는 시간이 평균적

---

* EBS 〈교육혁명, 15세에 주목하라〉, https://www.youtube.com/watch?v=MMd_flPIX6E 참조.

국어 탄탄 공부법

으로 1~3시간 정도라고 한다. 이 시간의 1/3만 국어에 투자한다면 국어 성적을 올리지 못할 이유가 없다. 오늘부터 자투리 시간을 국어에 투자하자.

글을 읽고, 하루에 몇 개씩 모르는 단어를 찾아보고 단어장에 저장해 두고 소중한 보물단지를 확인하듯 수시로 나만의 단어장을 들여다보자. 이러한 노력이 눈덩이처럼 모이면 탄탄한 어휘력이 쌓이고 문해력의 토대가 된다. 이러한 내공이 축적되었을 때 비로소 여러분의 국어 등급을 올릴 무기가 생길 것이다.

고등학교 국어는
왜 이렇게 어려워요?

"선생님, 국어 왜 이렇게 어려워요?"

"선생님, 국어 못해 먹겠어요."

"선생님, 왜 정철을 안 가르쳐 줬어요. 아! 진짜 고전 완전 짜증 나요."

"선생님, 국어 노잼이에요."

중학교 때까지 국어를 사랑하고 좋아했던 아이들이 왜 고등학 교에 가서는 국어를 싫어하게 되는 것일까? 사실 우리나라는 나 선형 교육과정으로 운영하기 때문에 중학교에서 다루지 않았던 내용을 고등학교에서 다루는 것이 아니라 단지 심화시켜 가르치 는 것뿐이다.

'나선형'이란 소라 껍데기처럼 빙빙 비틀려 돌아가는 모양을 뜻한다. 나선형 교육과정을 운영한다는 것은 동일한 성격의 내용을 학년 수준이 높아짐에 따라 더 폭넓게, 또 깊이 있게 가르친다  는 것을 의미한다. 예를 들어 초등학교에서는 특정한 수를 통해 방정식을 배우다가, 중학생이 되면서 X라는 미지수를 설정하는 연립 방정식 등을 배우고, 고등학교에 가서는 고차 방정식을 배우는 식이다.

수학뿐만 아니라 국어도 비슷하다. 초등학교 1~2학년에는 친숙한 화제의 글이나 설명 대상과 주제가 명시적인 글 위주로 배우다가 초등학교 5~6학년에 이르면 생각이나 감정이 함축된 글도 추가로 배운다. 게다가 중학생이 되면 인문, 예술, 사회, 문화, 과학, 기술 등 다양한 분야의 글을 배우게 된다. 이처럼 학습 내용이 체계적으로 조직되어 있음에도 학년이 높아질수록 국어가 힘들게 느껴지는 이유는 무엇일까?

紅塵(홍진)에 뭇친 분네 이내 生涯(생애) 엇더ᄒᆞᆫ고,
녯 사ᄅᆞᆷ 風流(풍류)ᄅᆞᆯ 마ᄎᆞᆯ가 못 미ᄎᆞᆯ가.
天地間(천지간) 男子(남자) 몸이 날만ᄒᆞᆫ 이 하건마ᄂᆞᆫ,
山林(산림)에 뭇쳐 이셔 至樂(지락)을 ᄆᆞᄅᆞᆯ 것가.
數間茅屋(수간 모옥)을 碧溪水(벽계수) 앎픠 두고,
松竹(송죽) 鬱鬱裏(울울리)예 風月主人(풍월 주인) 되여셔라.
엇그제 겨ᄋᆞᆯ 지나 새봄이 도라오니,
桃花杏花(도화행화)ᄂᆞᆫ 夕陽裏(석양리)예 퓌여 잇고,
錄楊芳草(녹양 방초)ᄂᆞᆫ 細雨中(세우 중)에 프르도다.
칼로 ᄆᆞᆯ아 낸가, 붓으로 그려 낸가,
造化神功(조화 신공)이 物物(물물)마다 헌ᄉᆞ롭다.
수풀에 우ᄂᆞᆫ 새ᄂᆞᆫ 春氣(춘기)ᄅᆞᆯ ᄆᆞᆺ내 계워
소리마다 嬌態(교태)로다.
(중략)

-상춘곡-

제일 큰 난관은, 고전 시가 원문이 등장하는 것이다. 중학교 때까지는 현대어로 풀이되어 일부만 등장했던 고전 시가가 고등학교 과정에서는 옛 모습 그대로 시험에 등장한다. 고어(古語)를 담은 고전 시가는 마치 외계어처럼 느껴진다. 독해는커녕 해독조차 되지 않는다.

작자 미상이라고 써 있는 작품을 보며 '미상'이라는 작가가 지었다고 생각하는 학생들도 있다. 총체적 난국이다.

국어 탄탄 공부법

특히 고려 후기부터 등장하여 조선에서 만개한 장르인 '가사 문학'은 많은 학생을 좌절의 숲으로 인도한다. 조선 시대 가사의 대가인 송강 정철은 고교생들이 가장 두려워하는 문인 1순위다. 그가 지은 '관동별곡', '속미인곡', '사미인곡'은 시험 출제 0순위 인 동시에 수험생들에게 가장 피하고 싶은 문학 작품이다. 하지만 저 작품들을 모르고서는 내신, 모의고사, 수능 시험 어느 것도 넘을 수 없다.

고어(古語)의 대부분은 지금 거의 쓰지 않기 때문에 어려울 수밖에 없다. 게다가 작품의 사회 문화적 배경도 현대와 다르니 독자로서 공감하기도 어렵다. 그래서 이를 해결하기 위해서는 어쩔 수 없이 단어를 암기해야 하고, 작품이 창작된 시대적 상황을 공부해야 한다. 고전 어휘를 담은 단어장이나 유인물을 가지고 다니면서 반복해서 숙지해야 한다. 고전 시가에 나오는 말은 지금은 사어(死語)가 되었지만, 그 시절 작품 속에서는 여전히 살아 숨 쉬는 어휘이며 단골 출제 메뉴다.

한자어가 많아지는 것도 국어를 어렵게 만드는 원인 중 하나다. 국어는 순우리말인 '고유어', 외국에서 들어왔지만 이미 국어가 된 '외래어' 그리고 '한자어'로 구성된다. 그런데 이 한자어가 국어의 50% 이상을 차지한다. 특히 전문적이거나 세부적인 의미를 나타내는 단어에 한자어가 많이 사용된다. 그러니 내용이 어려워질수록 한자어가 기하급수적으로 늘어날 수밖에 없다. 그래서 학년이 높아질수록 한자어를 모르면 교과 개념을 이해하기가 어렵다.

여러분은 '사람들은 이해관계에 따라 행동한다.'라는 문장에서 '이해'의 의미를 무엇으로 파악하는가? 이때의 '이해'는 이익과 손해를 의미하는 '이해(利害)'인데, 간혹 이해하다(understand)의 '이해'로 생각하는 학생들이 있다. 이는 국어의 일부가 된 한자어보다는 외국어가 우리에게 훨씬 더 익숙하다는 것을 방증하는 사례다.

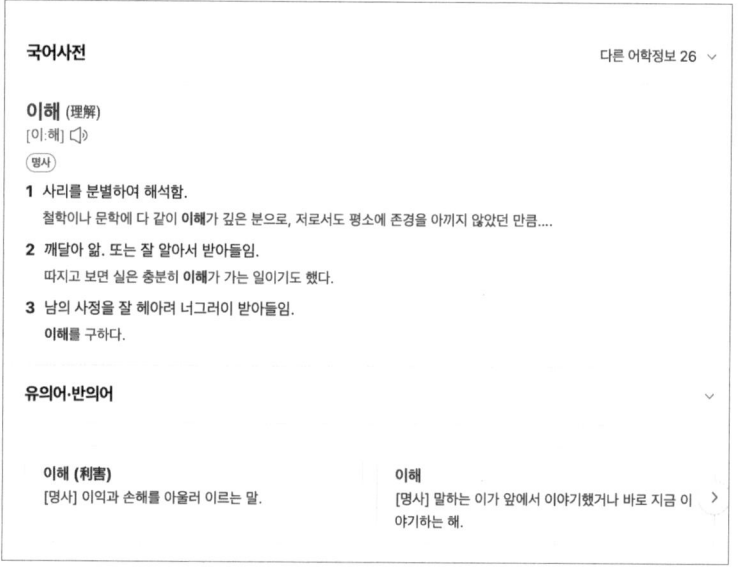

'이해'의 다양한 예

고전 시가와 더불어 학생들을 괴롭히는 또 다른 영역이 바로 '비문학'이다. 요즘은 교육과정에 따라 '독서'라고 부르는데, 개인적으로는 '비문학'이라고 부르는 게 더 타당하다고 생각한다. 독서란 글을 이해하고 읽는 것을 의미하고 독서의 대상에는 '문학'도 포함되므로, 문학이 아닌 다른 영역은 '비문학'이라고 하는 게 더 합리적이라는 생각이다.

　비문학은 크게 인문, 사회, 과학, 기술, 예술 등의 영역에서 출제되며, 2개 영역이 융합된 형태로 지문이 출제되기도 한다. 대부분 정보 전달을 목적으로 하는 설명문이 출제되나 논설문과 같은 설득의 글도 등장한다. 이러한 비문학은 지문이 길고 내용이 어렵기 때문에 관련 제재에 대한 글을 자주 접하지 않았다면 큰 낭패를 볼 수 있다.

　고등학교 국어가 어려운 이유를 들으니 벌써부터 머리가 지끈지끈한가? 고전 시가, 한자어 어휘의 증가, 비문학 지문 등의 어려움을 미리 예상하고 대비한다면 충분히 극복할 수 있다.

국어 공부하면
진짜 다른 과목 성적도 올라요?

"선생님, 국어를 공부하면 진짜 다른 과목도 성적이 올라요?"

이 질문에 대한 답은 명확하게 '그렇다.'이다. 국어를 공부하는데 왜 국어와 상관없는 다른 교과의 성적도 오른다는 것일까? 흔히 국어를 '도구 교과'라고 한다. 이는

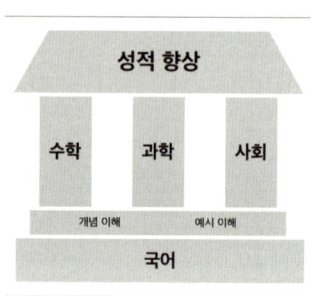

국어가 다른 교과의 개념과 예시를 이해하는 데 기초가 되는 과목이라는 의미다. 사회나 과학 같은 교과도 결국에는 국어로 쓰여 있기 때문에 국어를 잘해야 다른 교과 성적도 높일 수 있다. 국어 능력은 국어 시험에서만 평가되지 않는다. 인문·사회군 과목뿐

국어 탄탄 공부법

아니라 과학·기술군 과목에서도 문제를 잘 이해하고 출제 의도를 파악하여 정답을 고르려면 국어 실력이 필수적이다.

일단 개념들을 이해하기 위해서는 어휘력이 풍부해야 한다. 다음 문제를 한번 살펴보자.

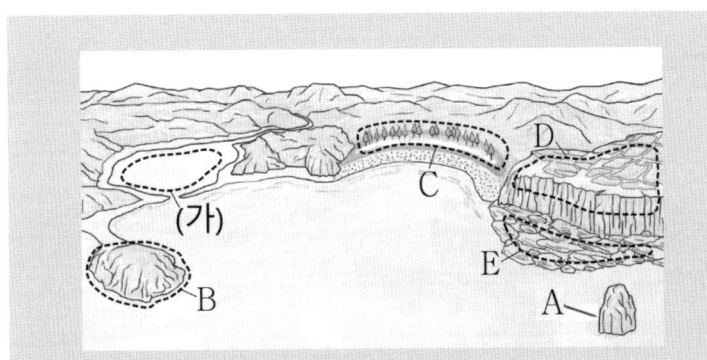

해안 지형 A~D에 대한 설명으로 옳은 것은?
① A는 용암의 냉각, 수축으로 형성된 다각형 기둥이다.
② B는 암석의 차별 침식으로 형성된 바위섬이다.
③ C는 파랑 및 연안류로 퇴적된 모래 언덕이다.
④ D는 E지형이 융기로 인하여 형성된 지형이다.
⑤ 시간이 흐르면 E는 해양 쪽으로 전진한다.

이 문제는 고등학교 2학년 세계 지리 교과 문제의 일부다. 이 문제가 어렵게 느껴지는 이유는 선택지에 나오는 단어의 의미가 낯설기 때문이다. '해안, 지형, 용암, 냉각, 수축, 형성, 침식, 융기, 연안, 파랑' 등 개념의 대부분이 한자어다. 게다가 '해양 쪽으로

전진한다.'는 것이 어느 쪽으로 이동한다는 뜻인지 글 맥락 속 의
미(문맥적 의미)를 파악하지 못하면 문제를 풀 수가 없다. 고등학교
2학년 세계 지리라서 어렵다고 생각하는가? 그렇다면 초등학교 5
학년 과학 문제를 살펴보자.

1. 잎을 알코올에 넣고 가열하는 까닭은 무엇인가?
2. 알코올이 든 비커를 중탕으로 가열하는 까닭은 무엇인가?

이 문제도 마찬가지다. '가열', '중탕' 같은 말을 모르면 아예 문
제조차 이해할 수 없다. 국어 실력은 개념을 이해하기 위해서도
중요하지만, 질문의 의도를 파악해야 문제를 풀 수 있다는 점에서
도 중요하게 작용한다.

다음 글을 통해 알 수 있는 통일을 해야 하는 이유로 가장 적절한 것은?

> 2000년 8월 제1차 이산가족 상봉 행사에서 아들과 어머니는 56년 만에 얼굴을 마주하였다. 아들은 김일성 대학 수학과 교수이며 인민과학자상을 받은 수학자 조주경이었다. 그는 6·25 전쟁 때 군대에 지원한 후 어머니와 헤어진 채 북에서 살아왔다. 그는 어머니와 상봉한 지 4년 후 어머니보다 먼저 세상을 떠났고, 북한 언론은 그가 보내지 못했던 오래된 편지를 공개하였다.
>
> — 〈조선일보〉, 2014년 3월 18일 —

① 소모적인 비용을 줄이며 경제적 발전을 위해
② 과거는 잊어버리고 미래를 향해 나아가기 위해
③ 정치적, 영토적, 민족적 완전한 통합을 이루기 위해
④ 전쟁의 위협에서 벗어난 평화로운 나라를 만들기 위해
⑤ 헤어진 가족과 고통을 해소하는 인도주의의 실현을 위해

이 문제의 정답은 5번이다. 문제의 정답을 쉽게 찾았는가? 사실 1~5번까지 모든 선택지가 통일을 해야 하는 이유에 해당한다. 하지만 '다음 글을 통해'라는 발문에 따라 정답은 5번이 된다. 이때도 '인도주의'가 무슨 의미인지 정확히 모를 가능성이 있다. 하지만 문맥을 고려하여 '사람의 도리를 중요하게 생각하겠군.' 하고 추측해서 정답을 찾으면 된다.

이처럼 모든 교과에는 국어가 보이지 않는 작용을 한다. 공부

를 잘하고 싶다면 사전적 의미를 많이 파악하는 것과 더불어 문맥적인 추론도 잘해야 한다. 최상위권에 도전하고 싶은가? 그럼 가장 먼저 국어 공부에 열을 올려야 한다.

국어 공부는 하루에
몇 시간이나 해야 해요?

국어를 공부하는 시간은 초등학생의 경우 매일 30분은 해야 한 다. 초등학교 저학년(1~2학년) 때는 낭독을 자주 하며 언어 유창성 을 길러야 한다. 또한 맞춤법과 받아쓰기도 익혀서 한글 쓰기가 원활해질 수 있도록 연습하는 것도 필요하다. 중학년(3~4학년)이 되면 자신의 생각을 자유롭게 표현할 수 있도록 쓰기 활동과 좋 은 책을 자주 접하는 읽기 활동을 지속적으로 해야 한다. 고학년 (5~6학년) 이후에는 글밥이 많은 책들을 접하면서 조용히 눈으로 책을 읽는 묵독의 시간을 늘리면 좋다.

어린 시절부터 도서관에 자주 가거나 독서를 많이 하는 건 좋 은 습관이다. 하지만 초등학교 때 가장 중요한 국어 공부는 듣기· 말하기 능력을 기르는 것이다. 다른 사람의 이야기에 귀 기울이고, 말하는 사람이 어떠한 의도나 목적을 가지고 말을 하는지 정확하게 이해할 수 있어야 한다. 초등학교 때 경청하는 습관을 들이지 않는다면 주로 강의식으로 이루어지는 학교생활에 잘 적응하기 어렵다. 다른 사람의 말을 이해하기 쉽지 않다면 메모를 통해 핵심 키워드를 적는 것도 좋은 공부가 된다.

듣는 것 다음으로 중요한 것은 일상생활에서 자신의 생각을 정확하게 말하는 것이다. '나는 다른 사람 앞에서 발표하는 게 쑥스러운데 어쩌지?'라고 고민하는 친구가 있다면 너무 걱정할 필요가 없다. 무작정 손을 들고 열심히 발표하는 것이 중요한 것이 아니라 내가 생각한 바를 타인들이 이해할 수 있는 말로 표현하는 것이 중요하다. 이를 위해서는 평소에 인형이나 벽을 앞에 두고 내가 하고 싶은 말을 연습해 보는 것이 도움이 된다.

현실적으로 중학생은 초등학생보다 국어 공부에 시간을 덜 쓸 수밖에 없다. 해야 하는 것들도 많아지고 다른 과목도 어려워지기 때문이다. 그렇다 하더라도 주 2~3회 30분에서 1시간 정도는 국어에 투자해야 한다. 시험 시간 최소 2주 전부터는 내신 시험 대비를 위해 교과서를 읽고, 문제집을 푸는 활동을 해야 한다.

중학생이 되면 독서량이 대폭 줄어든다. 수행 평가, 중간·기말고사 등 학사 일정을 쫓아가다 보면 어느새 방학이다. 그래서 방학이 매우 중요하다. 상대적으로 활용할 수 있는 시간이 많은 만큼 독서 시간을 반드시 할애하고 독후활동을 병행해야 한다. 초등학교에서 했던 독서를 이어서 할 수도 있지만, 사춘기에 접어든 만큼 자기가 읽고 싶은 책 위주로 '편식 독서'를 해도 좋다. 일반적으로 편식 독서는 피해야 한다고 말한다. 하지만 중학생이 되면 편식 독서라도 해야 할 정도로 글밥을 섭취하지 않는다. 글을 아예 읽지 않는 비독자가 되느니 편식을 해서라도 글을 읽는 편독자라도 되자.

수능 국어를 준비해야 하는 고등학생은 매일 30분~1시간 정도는 공부를 해야 한다. 근육질 몸매를 만들려면 근력운동을 통해 근육이 찢어지고 다시 생겨나는 과정이 필요하듯, 국어 근육을 만들기 위해서는 지속적으로 지문을 읽고 문제를 풀고 정답을 확인하는 과정을 반복해야 한다.

1994년부터 시행된 방대한 수능 기출문제를 다 풀기는 어렵지만, 최소 3~5개년치 수능 및 모의고사 기출문제는 풀어 봐야 수능 시험을 준비하는 수험생이라고 할 수 있다. 문제 푸는 데 30분, 정답을 확인하고 보충 공부를 하는 데 30분을 쓴다면 1시간이 알차게 흘러갈 것이다.

공부는 기본적으로 많이 하는 사람이 유리한 게임이다. '무언가에 전문가가 되려면 1만 시간을 투자해야 한다.'는 '1만 시간의 법칙'을 그대로 따르지 않더라도 공부의 양은 질에 선행되어야 한다. 국어 공부는 단순히 암기하고 기억하는 공부, 문제를 많이 푸는 공부는 아니다. 말하기, 듣기, 읽기, 쓰기, 문법 등을 조금씩 익히면서 취약점을 파악하고 이를 극복하기 위해 전략을 세워야 한다. 그러한 전략을 시도해 보고 실패와 성공을 경험하며 나만의 국어 공부법 전략을 만들 수 있다.

공부 시간을 확보하기 위해 '스톱워치 공부법'을 이용할 수도 있다. 스톱워치 공부법이란 쉬는 시간, 화장실 가는 시간, 식사 시간, 휴대전화 사용 시간 등을 제외하고  공부에 몰입하는 순수 공부 시간을 타이머로 측정하는 방법이다. 이러한 전략은 내가 공부한 시간을 눈으로 확인할 수 있다는 점에서 효과가 있다. 단순히 책상에 앉아 있는 시간이 많다고 해서 공부를 많이 했다고 보기는 어려우므로 타이머의 함정에 빠지지 않도록 주의할 필요가 있다.

스톱워치 공부법보다 더 진화된 형태가 바로 '뽀모도로 공부법*'이다. 뽀모도로 공부법은 시간을 쪼개서 사용하는 방법이다. 25

* 위키백과 https://ko.wikipedia.org/wiki/%ED%8F%AC%EB%AA%A8%EB%8F%84%EB
%A1%9C_%EA%B8%B0%EB%B2%95 참조.

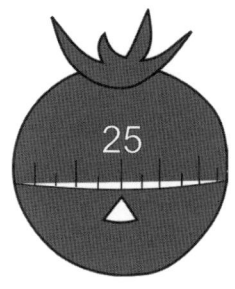

분간 집중해서 공부를 한 다음 5분간 휴식하는 방법을 4세트 정도 반복하고, 30분가량 긴 휴식 시간을 가지는 전략이다. 이 방법으로 자신이 하루에 몇 세트나 수행할 수 있는지 확인하면서 집중력 있게 공부할 수 있다. 최근에는 뽀모도로 타이머 앱이 많이 나와 있어 스마트폰에서 쉽게 사용할 수 있다. 뽀모도로 공부법의 핵심은 시간을 쪼개서 집중할 수 있도록 만든다는 점에 있다. 집중과 휴식을 반복하여 몰입 시간을 늘린다는 장점이 있다. 집중에 어려움을 겪는 사람이라면 처음부터 25분을 정하기보다 10분, 15분, 20분으로

시간을 조절해도 좋다. 중요한 것은 공부 시간을 늘려 가는 것이다.

공부는 몰아서 할 때 더욱 힘들다. 쪼개서 공부하는 습관을 길러야 하며 자투리 시간을 잘 써야 한다. 오늘 3시간 공부하고 2일 쉬는 것보다 매일 1시간씩 3일 하는 것이 훨씬 더 효과가 좋다. 절대적인 시간 투자와 함께 매일 꾸준히 국어 감각을 익히는 시간도 마련해 보자.

수능 국어와 내신 국어는
어떻게 달라요?

수능 국어와 내신 국어의 가장 큰 차이는 바로 출제자다. 내신 시험은 학교 수업을 진행하는 선생님들이 직접 출제하기 때문에 수업 시간에 수업을 잘 듣는 것이 가장 중요하다. 학교에서 나눠 주는 유인물, 선생님이 하는 설명을 기준으로 공부해야 한다. 특히 출제 기간을 앞두고 진행되는 수업에는 문제에 관한 힌트가 쏟아지므로 무조건 학교 수업을 열심히 들어야 한다. 물론 요즘에는 치열한 상대 평가로 인해 1등급을 만들기 위해서 간혹 수업 중에는 넌지시 지나갔던 내용이 시험에 변별력 있는 문제로 출제되는 경우도 있다. 하지만 그런 문제는 누구나 틀릴 것으로 예상하고 내는 것이기 때문에 그런 문항을 맞추려고 애쓰기보다는 쉬운 것을 틀리지 않으려고 노력하는 것이 중요하다.

국어 탄탄 공부법

전문가인 선생님들이 교차 검토를 하며 문항을 검수하지만 출제의 오류가 생길 수도 있다. 그럴 경우 중간·기말고사 이후 이의제기 기간에 담당 선생님께 적극적으로 문의하면 된다. 결론적으로 내신 국어 점수를 잘 받으려면 수업을 잘 듣고 적극적으로 담당 선생님과 소통해야 한다.

반면 수능 시험은 현직 대학교수가 출제위원의 주축이 되고 교사가 검토자로 참여하여 함께 출제한다. 내신 국어는 교과서에 나온 작품을 이해하거나 암기하는 것만으로도 어느 정도 해결할 수 있지만, 수능 국어는 교과서 외 지문에서도 출제된다. 지문 수준뿐만 아니라 발문 수준도 높으므로 문제 자체를 정확히 이해하고 정답을 선택하는 능력이 선행되지 않으면 높은 점수를 받기 어렵다. 내신 국어보다 다양한 유형의 문항이 등장하며, 지문의 길이도 길다. 다른 작품과 특성을 비교하며 특징을 묻는 상호텍스트적 맥락의 문제도 출제된다.

문항 수	45문항
배점 및 문항 유형	2/3점, 5지선다형
시험시간	08:40~10:00/총 80분
공통과목	독서, 문학
선택과목	화법과 작문/언어와 매체
출제영역	공통과목(75%)/선택과목(25%)

비고	EBS 연계교재 50%
연계교재	1. 〈수능특강〉 (공통) 독서, 문학 (선택) 화법과 작문, 언어와 매체 2. 〈수능완성〉 독서·문학·화법과 작문/독서·문학·언어와 매체
영역별 출제 방향	○ 2015 개정 국어과 교육과정에 제시된 성취기준의 내용과 수준을 고려하여 학교 교육의 정상화에 기여할 수 있도록 출제함. ○ 국어과 핵심 역량을 고려하여 어휘·개념, 사실적 이해, 추론적 이해, 비판적 이해, 적용·창의 등 국어 활동과 관련된 사고력을 측정하는 데 역점을 둠. ○ 국어 영역은 교육과정에 제시된 국어 교과의 독서, 문학, 화법과 작문, 언어와 매체 과목을 바탕으로 다양한 소재의 지문과 자료를 활용하여 출제함.

〈출처: 한국교육과정평가원(2024년 7월 기준)〉

영역	현행(~2027 수능)	개편안(2028 수능~)
국어	공통+2과목 중 택1 • 공통: 독서, 문학 • 선택:화법과작문, 언어와 매체	공통 (화법과 언어, 독서와 작문, 문학)

2028학년도 수능 개편 확정안

〈출처: 2023년 12월 교육부 보도자료 〉

국어 탄탄 공부법

2024년 기준, 현재 수능 국어는 독서, 문학으로 구성된 공통영역과 선택과목으로 이루어져 있다. 선택과목은 본인이 원하는 것을 선택하는 것이 좋다. 하지만 '언어와 매체'가 표준점수가 더 잘 나온다는 말이 있어 언어와 매체의 인기가 날로 높아지고 있다. 하지만 이 역시 수험생의 상황에 맞게 선택하는 것이 좋다. 언어와 매체는 화법과 작문에 비해 문제를 푸는 시간이 짧을 수는 있지만 평소 학습해야 할 개념이 많아 문법에 흥미가 없고 어려움을 느끼는 학생이라면 고통의 원흉이 될 수도 있다. 하지만 이러한 선택과목에 대한 고민은 2028 수능부터는 사라지게 된다. 화법과 언어, 독서와 작문, 문학이 모두 공통과목으로 지정되었기 때문이다. 그래도 수능 국어 시험에 대한 본질은 크게 변하지 않을 것이라고 생각한다.

수능 국어는 80분 동안 45문항을 풀어야 하기 때문에 시간의 압박이 크다. 지문과 문제를 1번만 읽는 사람은 1등급, 2번 읽는 사람은 2등급, 3번 읽는 사람은 3등급이라는 속설도 있다. 즉 지문을 거듭 읽을수록 고득점과 멀어진다는 의미다.

보통 지문 하나에 3~5개 문제로 구성되어 있는데, 대략 1문제당 1분 30초를 할애한다고 생각하고 문제를 풀어야 한다. 그래야 여유롭게 답을 표시하고 몇몇 문제는 조금 더 고민도 해 볼 수 있다. 지금과 같은 객관식 시험에서 가장 중요한 것은 속도다. 속도는 속독을 통해 올리는 것이 아니라 한 번을 읽더라도 지문을 정확하게 파악하는 능력이 필요하다. 수능 국어를 잘하기 위해서는 기출문제를 많이 풀면서 자주 묻는 문제 유형을 익히고, 매력적인 오답을 제거할 수 있어야 한다.

'나는 수시로 갈 거니까 내신 국어에 집중하고 수능 국어는 공부 안 할 거야.'라는 태도보다는 '수능 국어를 기본으로 공부하되 내신 기간에는 교과서를 좀 더 중점적으로 볼 거야.'라는 전략이 훨씬 효과적이다.

수능 국어 시험은 기본적으로 처음 본 지문을 읽고 문제를 해결하는 능력을 확인하는 것을 원칙으로 한다. 예전 수능은 이 원칙을 고스란히 지켜 왔으나 2011년부터 EBS 연계가 생기면서 지문이나 선택지를 달달 외우는 부작용도 나왔다. 이러한 문제점 때문에 한국교육과정평가원은 2023학년도 대입 수능에서는 EBS 연계 비율을 70%에서 50%로 조절하고, '간접 연계' 방식을 지향했다. 수능 출제 기관인 한국교육과정평가원이 밝히는 연계란 중요 개념이나 원리는 활용하되, 지문이나 그림, 도표 등의 자료나 문항 등은 변형 또는 재구성하는 것을 의미한다. 따라서 문제와 답을 암기하지 말고 비문학 제재를 다양하게 보면서 배경지식을 쌓는 것이 중요하다.

지금은 수능 시험이 객관식으로 되어 있지만, 장기적으로 볼

국어 탄탄 공부법

때 자유학기제나 고교학점제 같은 열린 교육 정책과 맞물려 다양한 형태로 시험이 변화할 가능성이 있다. 따라서 언제 바뀔지 모르는 시험 유형에 대비하여 객관식 시험과 논술형 시험을 동시에 대비해야 한다.

내신 국어는
어떻게 공부하면 좋을까요?

중학교 1학년 자유 학기를 거쳐 2학년 때 국어 시험을 치르게 되면 국어 시험을 어떻게 대비해야 할 줄 몰라 헤매는 경우가 많다. 내신 국어 공부는 4단계로 완성할 수 있다.

1단계, 학교 수업 잘 듣기다. 벼락치기로 전교권을 꾸준히 유지하는 학생의 비결 첫 번째는 '수업 시간'에 있었다. 그는 수업 시간에는 절대 잠을 자지 않고, 수업 시간에 선생님이 한 농담까지 메모를 했다. 수업 시간에 선생님이 한 농담까지 기억할 정도로 집중하면 학교 시험을 잘 볼 수밖에 없다.

교사의 농담은 단순한 잡담이 아니라 웃음을 가미한 계획된 예시인 경우가 많다. 교사는 농담 식으로 재미있게 예시를 들어 줬

44

기 때문에 시험 문제를 낼 때 학생들이 모두 맞힐 것을 기대하고 거리낌이 없이 출제한다. 그런데 안타깝게도 학생들은 그 농담에서 웃었던 것만 기억할 뿐 내용을 기억하지 못하는 경우가 많다. 농담처럼 한 말이지만 그 안에는 '뼈', 즉 핵심 내용이 담겨 있다는 것을 잊지 말고 교사의 수업 내용을 예시와 함께 기억하는 습관을 들이자.

2단계, 문제집 풀기. 자습서는 교과서 해설이나 보충 설명 등이 덧붙여진 것으로 학교 선생님이 교사용 교과서를 중심으로 설명해 준 개념들이 자세하게 쓰여 있다. 마치 초등학교 전과와 같은 책으로 개념서 및 설명서라고 볼 수 있다. 혹시 질병 결석 등으로 수업을 못 들었거나 잠시 졸아서 필기를 놓쳤을 경우 이를 찾아보거나 확인하는 용도로 활용하기에 적합하다. 하지만 문제의 질이 조금 낮고, 수록된 문항 수가 적은 편이라 이것만으로 내신 시험을 대비하면 양이 절대적으로 부족하게 된다.

반면 평가 문제집은 설명보다는 문제 풀이를 위한 내신 교재다. 설명은 요약식·개조식으로 제시되어 있고 학교 시험 출제 빈도가 높은 문제를 중심으로 객관식 및 서술형 문제들을 수록하고 있다. 공부가 어느 정도 되었다고 생각한다면 평가 문제집을 통해서 아는 내용을 확인해 볼 필요가 있다. 자습서보다 문제의 양이 풍부하고 실제 출제될 만한 예상문제와 기출문제가 섞여 있다. 이렇듯 자습서와 문제집은 각각의 장단점이 있으므로 이 둘을 보완하여 사용해야 한다.

공부를 할 때는 '저장'보다는 '인출'을 자주 하는 것이 좋다. 우리는 일반적으로 '저장'을 많이 하려고 노력하는데 정보 처리 모형에 따르면 '인출'에 더욱 신경 써야 한다. 인간은 여러 자극 중 의미 있다고 생각하는 정보를 주의 집중하여 단기 기억에 저장했다가 장기 기억에 저장한다. 국어를 공부했다면 이미 많은 내용이 단기 기억을 거쳐 장기 기억에 담겨 있기 마련이다. 장기 기억의 용량은 무한대이므로 공부했던 내용이 다 들어갔을 것이다. 그러면 왜 공부를 했는데 시험 때 기억이 나지 않는 것일까?

아이러니하게도 너무 '잘' 저장되어 있기 때문이다. 우리가 모르는 장기 기억 속 어느 구석에 저장된 것을 시험에서 처음 꺼내려고 하니 꺼내지지 않는 것이다. 한 번도 밖으로 꺼내지 않은 정보는 자주 꺼냈던 정보보다 훨씬 안쪽으로 밀린다. 뇌는 엄청 필요한 정보로 보기보다는 언젠가 쓸 정보로 생각하고 구석에 밀어 넣는다.

이러한 일을 방지하기 위해서는 학습 내용을 자주 꺼내서 확인해야 한다. 이미 이해하고 있거나 암기한 내용을 문제를 풀어 확인하거나, 백지에 내용을 쭉 한번 써 보면 된다. 인출을 거듭할수록 뇌는 '이 정보가 중요하구나!'를 느끼고 필요할 때 잘 꺼낼 수 있는 위치에 해당 정보를 배치한다.

뇌는 끊임없이 새로운 정보를 받아들여야 하므로 기본적으로 망각에 초점이 맞춰져 있다. 뇌가 잘 잊지 못하게 끊임없이 괴롭히는 것은 우리의 몫이다. 문제 풀이나 백지 쓰기 등을 통해 인출만 자주 해도 70~80점 정도는 도달할 수 있다. 그러나 더 완벽해지기 위해서는 다음의 두 가지 방법을 더 동원하기를 추천한다.

3단계, 기출문제 풀기다. 어떤 시험도 이미 출제된 기출문제를 피해 가기가 쉽지 않다. 기존에 출제되었다는 것은 '어느 정도 중요한 내용'이라는 검증이 끝났다고 볼 수 있다. 따라서 기출문제를 통해서 중요한 내용을 파악하는 동시에 앞으로 나올 예상문제를 예측해 보아야 한다. 본인 학교의 몇 개년 문제만 풀 것이 아니라 다른 학교의 기출문제까지도 섭렵하면 좋다. 기출문제는 동일하게 출제된다고 생각하기보다는 변형될 가능성을 염두에 두고 실제 문제를 유추하면 된다.

4단계, 자신이 직접 출제자가 되어 예상문제를 만들어 보는 것이다. 중간·기말고사를 앞두고 모든 교사는 학생들에게 공지한다. 시험 문제는 몇 문제가 출제가 되었고, 논술형과 선택형은 어느 정도 배점이 되었는지를 알려 준다. 만약 대단원 3개가 시험 범위이고 30문제가 출제된다면 한 단원에서는 몇 문제가 출제될까? 최대로 잡아도 10문제를 넘을 수 없다. 3개 단원 중에 문법이 있더라도 그 단원만 집중적으로 시험 문제를 낼 수가 없다. 그런 시험 문제는 여태까지 본 적도 없고, 출제해 본 적도 없다. 그러니 모든 단원을 고르게 공부하고, 그 단원에서 가장 중요한 내용 위주로 공부를 시작해야 한다.

안타깝게도 대다수는 4단계까지 도달하지 못하고 3단계에서 공부를 끝내는 경우가 많다. 평가자의 시선으로 내용을 바라보지 못하는 탓에 소위 말하는 킬러 문제와 기출문제에서 빗나간 문제에 번번이 당한다. 위에 제시한 단계들을 천천히 밟아 보자. 한 단계씩 밟아갈수록 시험을 대비하는 내공이 쌓이게 될 것이다.

내가 시험 문제를 출제할 때 많이 참고하는 것은 교과서의 '날개'와 '학습 활동'이다. 여기에는 꼭 알아야 하는 내용이나 중요한 부분이 질문 형식으로 나와 있다. 선택형을 내기도 좋고 서술형으로 내기도 좋다. '내가 출제자라면 무엇을 낼까?'라는 발상이 국어 성적을 높여 준다.

선행 학습 꼭 해야 하나요?

2017년에 보도된 〈조선일보〉 기사에 따르면 선행 학습에 대한 연구와 관련된 11편의 논문 중 9편의 논문에서 선행 학습이 효과가 없는 것으로 나타났다. 한국교육개발원은 2000년대부터 최근까지 선행 학습 관련 연구를 진행했지만, 효과를 검증한 논문은 단 2편에 불과했다. 많은 사람들이 하고 있는 선행 학습이 사실은 엄청난 시간과 비용에 비해 효과가 미미하다는 얘기다.

기왕 공부를 할 거라면 선행 학습이 아닌 예습을 추천한다. 예습과 선행 학습의 차이는 무엇일까? 나무위키 백과에서는 선행 학습과 예습을 이렇게 구별한다. '예습은 영화의 예고편을 보는 것과 같고, 선행 학습은 영화를 2배속으로 빨리 보는 것과 같다.'

예고편을 보고 영화를 보는 건 상관없지만, 이미 2배속으로 본 영화를 다시 보는 건 재미가 떨어진다. 즉 예습은 머지않아 배울 내용을 가볍게 훑어보는 것이고, 선행은 학생의 학업 수준과 상태에 맞지 않게 학년을 뛰어넘어 공부하는 것이다.

학교에서 시험 문제를 낼 때 선행 학습 내용은 절대 출제할 수 없다는 원칙이 있다. 해당 학년 학기 교과서에 없는 내용을 평가 문제로 출제할 경우 출제 원칙을 훼손하게 되므로 내신에서는 출제하지 않도록 규정하고 있다. 따라서 선행 학습 내용이 지금 여러분이 보는 시험에는 나올 리 없다. 그러니 성급한 선행 학습보다는 적당한 예습을 해 보자.

다음 학기 교과서에 《완득이》라는 소설이 나온다면 미리 해당 단행본을 완독할 것을 추천한다. 만약 조금 더 깊이 있게 공부하고 싶다면 다음 학기에 배울 어휘를 암기해도 좋다. 혹시 문제를 이해하거나 해석하는 능력이 부족해서 예습을 하고 싶다면 다음 학기 중간고사 분량까지 문제를 풀어 보면서 문제 접근과 사고 방법을 점검하는 것도 방법이다.

새 학기 전에 교과서를 보면 학생들이 어려워하는 단원이 꼭 하나씩 들어 있다. 특히 문법과 같은 단원은 미리 조금 공부해 놓는 것도 괜찮다. 가르치는 사람으로서는 문법이 제일 수월한 영역이지만 배우는 사람으로서는 익숙하지 않은 영역이라 친숙도가 중요하다. 특히 어릴 때부터 영어 문법에 익숙한 아이들은 국어 문법을 배우면서 영어 문법과 헷갈리는 경우가 많다.

대표적인 예가 중1에 배우는 품사다. 영어의 품사는 8품사고, 국어는 명사, 대명사, 수사, 관사, 부사, 감탄사, 조사, 동사, 형용사 9품사다. 하지만 대부분 이미 학습된 '영어는 8품사'라는 배경지식이 국어의 품사를 공부하는 데 간섭 혹은 방해 효과를 일으킨다. 국어의 품사는 중학교 때만 머무는 것이 아니라 대학 입시, 공무원 시험까지도 계속 따라다니므로 한 번 배울 때 확실하게 익히는 것이 좋다. 좋아하는 노래에 9가지 품사를 대입시켜 개사하여 노래로 만들어 부르면 평생 기억할 수 있다.

선행은 'NO' 예습은 '추천'이라면, 복습은 '필수'다. 복습은 가장 강력한 학습법이다. 예습보다 복습에 초점을 맞추면 좀 더 효율적으로 공부할 수 있다.

복습을 잘하는 방법 첫 번째는 국어 교과서를 여러 번 읽는 것이다. 영화도 두 번은 봐야 처음에 봤을 때 보이지 않던 것들이 보이는 것처럼 교과서도 여러 번 읽어야 한다. 교과서 읽기는 모든 학습의 기본이다. 성적이 나쁜 친구들을 보면 교과서를 제대로 읽지 않는다. 3회독, 5회독, 7회독, 10회독 스스로 할 수 있는 만큼 여러 번 교과서를 읽는 게 좋다.

10회독을 하고 연세대학교에 진학했다는 학생, 7회독을 하고 일본 최고 대학에 진학했다는 사람들의 이야기를 들어 보면 엄청나게 많이 거듭 읽어야 할 것 같겠지만, 3회독만 제대로 해도 좋은 점수를 받을 수 있다. 최소 3회독을 목표로 교과서를 촘촘하게 읽는 연습을 해 보자. 도입부터 본문, 날개, 학습 활동, 단원 정리까지 놓치지 말자.

두 번째 방법은 모르는 부분을 찾는 것이다. 상위권 학생과 하위권 학생의 가장 큰 차이는 자기가 아는 것과 모르는 것을 인지하는지의 여부다. 하위권 학생들은 모든 걸 모른다고 생각하는 반면, 상위권 학생의 경우는 자신이 모르는 것에 과감하게 집중 투자해 고득점을 획득하곤 한다. 무엇보다 중요한 것은 자신이 모르는 부분이 무엇인지를 아는 것이다. 시험은 그 영역에서 출제될 수 있고, 헷갈린다는 이유로 혹은 어렵다는 이유로 외면한 그곳에서 내 점수가 무너질 수 있다는 것을 기억하자.

세 번째, 이전 학기 시험지를 보관하라. 아쉽게 틀린 문제가 무엇인지를 살펴보며 그 문제를 틀린 이유와 문제를 풀 당시 했던 사고를 떠올리며 점검할 필요가 있다. 한 번 틀린 문제를 다시 풀어서 틀릴 확률은 70~80%라고 한다. 맞았던 문제를 틀릴까 봐 걱정하기보다는 틀린 문제를 또다시 틀리지 않는 데 집중해야 한다.

복습은 예습보다 재미있지도 않고 신기하지도 않다. 이미 가본

길을 걷는 것처럼 무료하고 지루하다. 그러나 반복의 힘은 위대하다. 반복해야 내 것이 된다. 이미 알고 있다고 생각한 것에 빈틈은 없는지 확인하고, 새로운 책보다는 봤던 책을 회독하는 습관을 기르자. 볼 때마다 놓쳤던 부분을 발견하는 재미를 얻을 수 있다.

2부

국어 실력을 높이는
17가지 스스로 공부법

듣기 훈련으로
국어 수행 능력을 높이자

대화, 발표, 연설, 토의, 토론, 면접(면담), 협상 등의 담화 상황에서 듣기는 말하기에 선행된다. 올바로 잘 들어야 제대로 말할 수 있다. 듣기를 제대로 하지 않으면 의사소통 장애에 직면하기 쉽다. 동문서답을 하거나 엉뚱한 말을 하게 되기도 하며, 비유적 표현이 함의하는 바를 이해하지 못해 맥락에서 벗어난 말을 하는 바람에 소통이 잘 안 되는 사람이라는 평가를 받기도 한다.

이처럼 듣기란 의사소통의 기본 행위로 학습과도 직접적인 관련이 있다. 화법이라는 영역 안에서 수능과 내신의 간접 평가 형태로 평가될 뿐만 아니라 강의식 수업 참여나 협동학습을 할 때도 듣기 능력이 곧 실력으로 이어진다. 제대로 듣지 않으면 정보를 판별하고 수용하는 데 문제가 생긴다. 게다가 학교나 학원에서

하는 수업들은 대부분 강의식이다. 교수자가 말한 핵심을 정확하게 듣지 못하면 학습 효과가 줄어든다. 따라서 듣기도 중요한 국어 공부 영역임을 기억하고 집중하여 듣는 연습이 필요하다.

강연이나 수업과 같은 일방적 말하기에서 주의 집중하는 방법은 메모하며 듣는 것이다. 메모를 할 때 사실 모든 내용을 메모할 수 없으므로 들은 내용을 요약하여 메모하게 된다. 이러한 듣기는 상위인지(메타인지)를 활용한 학습으로 훨씬 더 많이 기억할 수 있다.

메모하며 들을 때는 가장 많이 반복되는 단어를 중심으로 화자가 말하고자 하는 핵심 내용을 적는다. 예시나 인과 관계 등을 표시하며 중요한 내용과 세부 내용을 구분한다. 인상 깊은 내용이 있다면 함께 적어 두는 것도 좋다.

대화의 의도나 목적을 고려하며 듣는다

핵심 개념	일반화된 지식	학년(군)별 내용 요소			중학교 1~3학년	고등학교 1학년
		초등학교				
		1~2 학년	3~4 학년	5~6 학년		
듣기· 말하기의 본질	듣기·말하기는 화자와 청자가 구어로 상호교섭 하며 의미를 공유하는 과정이다.			구어 의사 소통	의미 공유 과정	사회·문화성

2022년 국어과 교육과정

국어 탄탄 공부법

2022년 국어과 교육과정에 따르면 듣기·말하기의 본질은 화자와 청자가 구어로 상호교섭하며 의미를 공유하는 과정이다. 상호교섭이란 화자와 청자가 고정된 메시지를 주고받는 것이 아니라 의사소통 과정에서 서로 말을 주고받으며 새로운 의미를 창조해 가는 것을 말한다. 상호교섭을 통해 듣기와 말하기의 의미 공유가 완성된다. 이를 잘하기 위해서는 먼저 말을 한 화자의 대화 목적과 의도를 정확하게 파악하는 일이 필요하다. 화자의 발화 의도를 이해하고 그에 맞는 메시지를 건네야 정상적인 대화가 이어진다. 청자가 듣기를 제대로 하지 못하면 상호교섭은 깨지게 된다.

아내 : (설거지를 마치고 TV로 불 족발 광고를 보다가) 우와! 여보?

남편 : 응?

아내 : (동의를 구하며) 왠지 출출하지 않아?

남편 : (웃으며) 그러게. 저녁 먹었는데 이상하게 출출하네.

아내 : (만족하며) 그럼 우리 매콤한 걸로 먹을까?

남편 : (밝게 웃으며) 좋지 매콤한 거. 냉장고에 떡볶이 밀키트 있잖아. 그거 한번 만들어 봐.

아내 : (절망하는 목소리) 하아…… 정말 당신하고는 말이 안 통해.

실제로 이런 문제가 화법 과목에서 출제된다. 앞의 대화에서 아내가 원하는 매콤한 것과 남편이 원하는 매콤한 것은 전혀 다르다. 부인은 설거지를 마친 상태에서 또 설거지를 하고 싶지는 않고 매콤한 것을 시켜 먹고 싶었을 텐데, 남편은 그런 아내의 마음을 헤아리지 못하고 집에 있는 재료로 떡볶이를 만들어 보라고 한다. 또 다른 가사 노동을 요구하는 남편을 보며 아내는 소통이 전혀 안 된다고 생각한다. 이렇듯 대화할 때 상대의 의도나 목적을 고려하여 메시지를 듣지 않으면 제대로 의사소통이 이루어지지 않는다.

다양한 듣기의 유형을 이해한다

듣기 유형은 대표적으로 공감적 듣기, 비판적 듣기, 추론적 듣기가 있다. 최근에는 공감적 듣기에 대한 문제가 많이 출제된다. 공감적 듣기를 잘 못하면 대인 관계에 어려움이 발생한다. 그러므로 상대방의 생각이나 감정을 이해하려는 공감적 듣기를 해야 한다.

[9국01-02] 상대의 감정에 공감하며 적절하게 반응하는 대화를 나눈다.

• 이 성취기준은 대화 과정에서 상대방의 상황과 처지를 이해하며 듣고, 상대방에게 공감을 표시할 수 있는 내용을 선정하여 표현하는 능력을 기르기 위해 설정하였다. 공감적 듣기는 상대방의 감정을 깊이 있게 이해하고 상대방의 관점에서 문제를 바라보며 협력적으로 소통

국어 탄탄 공부법

하기 위한 듣기이다. 여기에는 상대방과 눈을 맞추며 지속적으로 관심을 표현하는 소극적 들어 주기와 대화 상대의 말을 요약·정리해 주며 반응하는 적극적 들어 주기가 있는데, 이 성취기준에서는 적극적인 공감적 듣기의 방법을 익히는 데 중점을 둔다.

〈2022 중학교 국어과 교육과정 성취기준〉

다음 대화에서 드러나지 <u>않은</u> 공감적 듣기 방법은?

> 희윤: 어제 친구와 다퉈서 너무 속상해.
> 성훈: (희윤이의 눈을 쳐다보며) 정말?
> 희윤: 응 왠지 화가 났어.
> 성훈: 무슨 일이 있었어?
> 희윤: 친구가 지난번에도 교과서를 빌려 달라더니 또 그러더라고.
> 성훈: (고개를 끄덕이며) 나도 그 마음 이해돼.

① 눈맞춤을 한다.
② 맞장구를 쳐 준다.
③ 요약하여 반복한다.
④ 적절한 질문을 한다.
⑤ 긍정적인 제스처를 보여 준다.

1~5번 모두 공감적 듣기 방법이지만 이 대화에서 나타나지 않은 것은 3번이다. 상대의 말을 요약하며 반복하는 모습은 보이지

않았다. 소극적 들어 주기와 적극적 들어 주기를 정리하면 다음과
같다.

소극적으로 들어 주기	적극적으로 들어 주기
상대의 눈 바라보기, 끄덕이기, 진심으로 반응하며 계속 말하도록 유도하기	상대방의 말을 요약하기, 상대의 말을 자신의 언어로 재구성하기

비판적 듣기도 있다. 발표, 연설, 토론 등의 담화 상황에서 주장
이나 근거가 타당한지, 활용한 매체는 적절했는지 등을 검토하며
듣는 방법이다. 다음과 같은 문항이 자주 출제된다.

위 발표에 대한 설명으로 적절하지 않은 것은?
① 자료의 출처를 언급하여 발표의 신뢰성을 높인다.
② 발표를 듣는 사람들에게 질문을 하며 흥미를 유발한다.
③ 청중의 반응을 확인하며 발표자로서 원하는 바를 제시한다.
④ 발표 주제와 관련된 어휘를 설명하여 청중의 이해를 돕는다.
⑤ 청중과 소통할 수 있는 경험을 제시하며 발표의 목적을 명확하게 전
　달한다.

화자가 청중에게 제대로 질문을 하는지, 정보의 출처는 명확히
밝혔는지, 발표의 목적과 부합하는지 등을 분석해야 한다. 또한

　　　　　　　　　　　　　　　　　　　　　　　국어 탄탄 공부법

청중의 이해를 돕는 발표를 진행하고 듣는 이를 고려하고 있는지에 대해서도 평가한다. 실제로 발표를 들을 때도 이러한 사항을 체크리스트로 만들고 꼼꼼하게 듣는다면 듣기 능력이 향상될 것이다.

메시지의 유형과
맥락을 이해하자

　국어 시험에서는 '말하기'나 '듣기' 영역보다는 '읽기'나 '쓰기'가 점수에 더 직접적인 영향을 주는 것이 사실이다. 그러나 결정적 순간에는 말하기 능력이 운명을 좌우할 수도 있다. 수행 평가에서 발표를 해야 하는 순간이나 수시 면접에서 질문에 답해야 하는 순간 말하기 능력이 뒷받침되지 않는다면 알고 있는 내용도 제대로 표현하지 못할 것이다. 따라서 '말하기'에 관한 지식을 습득하고 자신의 말하기 습관을 녹음이나 녹화 등으로 점검하는 것이 필요하다.

메시지의 유형

　메시지는 언어적 메시지, 비(非)언어적 메시지, 준(準)언어적 메시지로 구분된다. 언어적 메시지는 우리가 흔히 알고 있는 '말' 그 자체다. 반면 비언어적 메시지란 언어적 메시지가 아니지만 실제로는 메시지의 기능을 하는 것을 의미한다. 말을 할 때의 표정, 제스처, 손짓이나 발짓 같은 몸짓 등이다. 때때로 우리는 언어적 메시지를 생략하고 비언어적 메시지로만 소통하기도 한다. 예를 들어 "저녁 먹을래?"라는 상대의 질문에 거절을 표시하고 싶을 때 고개를 크게 젓는 것이 그 예다. 비언어적 메시지는 때로 언어적 메시지보다 더 강력한 의미 전달을 하기도 한다.

　예전에 반(半)언어적 메시지라고 불렸던 준언어적 메시지는 언어적 메시지와 함께 나타난다. 준언어적 메시지의 대표적인 것이 성량, 억양 등이다. 간혹 경상도 방언을 들으면 싸우는 상황이 아닌데도 싸우는 것처럼 느껴질 때가 있는데, 억양이 강하게 들리기 때문이다. 서로 대화를 할 때 목소리가 큰 사람이 따지면 그 사람의 감정이 더 크게 느껴지는 것도 같은 원리다. 이런 기능을 알고, 말을 할 때 세 가지 유형의 메시지를 적절하게 활용할 필요가 있다. 다음과 같은 문항을 풀려면 메시지 유형을 이해해야 한다. 메시지 유형은 표현 전략과 맞닿아 있다.

다음을 참고하여 [A], [B]에 나타난 협력의 원리와 표현 전략을 연결한 것으로 가장 적절한 것은?

협력의 원리	㉮ 대화에서 필요한 만큼만 정보를 제공한다. ㉯ 타당한 근거를 들어 진실한 정보를 제공한다. ㉰ 대화의 목적이나 주제에 맞는 정보를 제공한다.
표현 전략	ⓐ 준언어적 표현 ⓑ 비언어적 표현

		협력의 원리	표현 전략
①	[A]	㉰	ⓐ
②	[A]	㉮	ⓑ
③	[B]	㉯	ⓐ
④	[B]	㉰	ⓑ
⑤	[B]	㉮	ⓑ

맥락의 개념

맥락이란 의사소통을 둘러싼 환경이며 다른 말로는 장면이라고 한다. 우리가 생각한 것을 실제로 문장 단위로 실현한 것을 발화라고 하고, 발화가 모이면 이야기 즉 담화가 된다. 그런데 동일한 발화라 할지라도 맥락에 따라 전혀 다르게 해석될 수 있다. 이러한 맥락을 읽지 못하면 의사소통에 실패하고 관계가 어그러지기도 한다.

예를 들어 "지금 몇 시야?"라는 말은 상황에 따라 달리 해석할 수 있다. 친구가 무엇인가를 하면서 "지금 몇 시야?"라고 물었다면 시간이 궁금해서 묻는 표현이다. 하지만 밤늦게 집에 들어가자 아버지가 현관 앞에 서서 "지금 몇 시야?"라고 묻는다면 "왜 이렇게 늦게 집에 들어와!"라고 화내는 상황이다. 이런 맥락을 이해하지 못하고 "밤 12시인데요."라고 해맑게 시간을 말하면 분위기는 더욱 살벌해질 것이다.

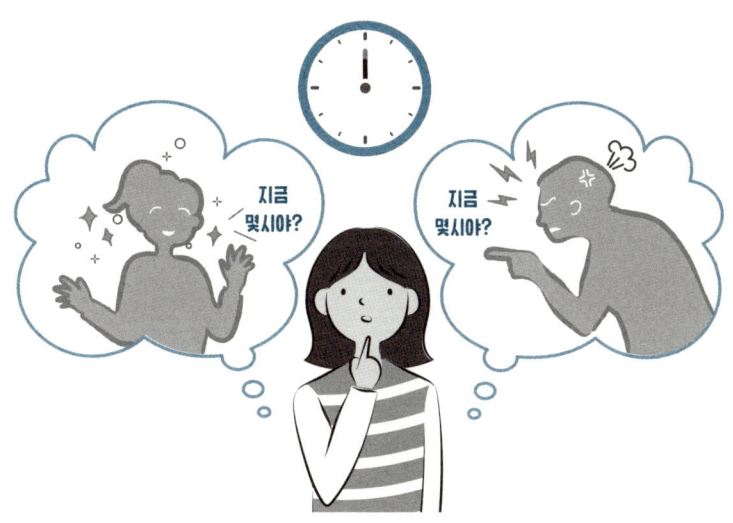

맥락의 유형

맥락은 크게 상황 맥락과 사회적 맥락으로 나눌 수 있다. 상황 맥락이란 담화가 이루어지는 상황과 직접적으로 관련된 맥락이다. 상황 맥락에서 고려해야 할 요인들에는 담화의 참여자, 담화가 이루어지는 시간과 장소, 담화의 의도와 목적 등이 있다. 다른 말로 수사적 맥락이라고도 한다. 쉽게 말해 상황 맥락은 대화가 이루어지는 시공간적 맥락이라고 생각하면 된다.

〈보기〉의 발화가 가진 의미를 해석한 내용으로 적절하지 않은 것은?

> "어떠세요?"

1. 치과 의사가 병원에서 환자에게 한 말이라면 환자 상태를 확인하기 위함이다.
2. 백화점에서 점원이 손님에게 한 말이라면 옷이 마음에 드는지 확인하기 위함이다.
3. 네일아티스트가 손님에게 한 말이라면 손톱이 마음에 드는지 확인하기 위함이다.
4. 미용사가 손님에게 한 말이라면 머리 스타일이 마음에 드는지 확인하기 위함이다.
5. 음식점 주인이면 손님의 안부를 확인하기 위함이다.

정답 5번

반면, 사회적 맥락은 특정한 공동체에서 사회적·문화적으로 오랜 시간에 걸쳐 만들어진 맥락을 의미한다. 사회적 맥락은 같은 사회문화를 공유한 사람들끼리 이해할 수 있는 맥락이다. 여러분이 버스에 탔다고 가정해 보자. 잠시 후 허리가 굽은 노인이 버스

에 탄다. 우리는 그분을 보자마자 반사적으로 일어나 자리를 양보한다. 노인은 고마움을 표시하고 싶어서 "가방 이리 줘."라고 할 것이다. 그러면 대부분의 한국인들은 "괜찮아요."라며 사양하거나 어르신의 거듭되는 부탁에 "고맙습니다."라고 말하며 못 이기는 척 가방을 맡길 것이다. 하지만 한국에 온 지 얼마 안 된 외국인이 이 말을 들었다면 어떨까? 호의로 가방을 달라고 하는 것을 잘못 받아들여 어르신을 가방 도둑으로 오해할 수도 있다.

맥락과 의사소통

맥락은 구두 언어를 활용한 의사소통에서도 중요하지만 문자 언어를 활용한 의사소통에서도 중요하다. 글 맥락을 파악해야 정확한 의사소통이 가능하다. 예를 들어 '양궁대회 10연패'라는 신문기사 제목을 살펴보자.

'연패'라는 단어에는 '연속해서 패배하다'의 연패(連敗)가 있고, '연속해서 우승하다'의 연패(連霸)가 있다. 한자를 모르거나 한자가 쓰여 있지 않은 상황에서는 본문을 읽고 전체 맥락을 통해 그 의미를 추측해야 한다. 이처럼 동음이의어*는 맥락에 맞게 이해해야 한다.

---

* 동음이의어(同音異義語) : 소리는 같으나 뜻이 다른 단어.

연패(連敗)	연속해서 패배하다
연패(連霸)	연속해서 우승하다

　토의·토론·면접·면담·발표 등 다양한 말하기 상황이 있지만 의사소통의 가장 기본은 대화다. 대화를 잘하기 위해서는 적절한 언어적 메시지, 비언어적 메시지, 준언어적 메시지를 활용할 줄 알아야 하고 대화가 이루어지는 맥락에 대한 이해가 필요하다. 메시지와 맥락의 개념을 바탕으로 대화에 임하여 원활한 의사소통을 하기 위해 노력하자.

이해하기 전에
먼저 소리 내어 읽어라

제대로 발음하지 못하는 아이들

아이들에게 'ㄱ'의 이름을 물으면 '기역'이라고 말한다. 하지만 '갓'이라는 글자를 보여주면 어떻게 발음해야 할지 잘 모른다. 성인들도 마찬가지다. 우리말의 종성은 7가지 받침만 발음되는데 그 7개의 자음이 무엇인지 잘 모르는 사람들이 많다(받침에 발음되는 7개의 자음은 ㄱ, ㄴ, ㄷ, ㄹ, ㅁ, ㅂ, ㅇ이다).

'ㄱ'의 글자 이름을 아는 것보다 'ㄱ'이 사용된 글자를 정확히 발음하는 것이 중요하다. 글자가 다른 글자와 연합되었을 때 발음을 기억하는 것이 말하기와 읽기 능력으로 이어지기 때문이다.

중학생도 별반 다르지 않다. 겉으로 보기에는 모두 책을 잘 읽는 것처럼 보이나 실제로 낭독을 시켜 보면 제대로 읽지 못하는 아이들이 있다. 유창하게 소리 내어 읽을 수 없는 사람이 글을 잘 이해하거나 쓸 수는 없다. 국어 실력을 높이고 싶으면 먼저 글을 또박또박 소리 내어 읽을 수 있어야 한다.

낭독의 효과

세상에는 다양한 독서법이 있다. 그중에서도 낭독은 유래가 깊은 독서법이다. 조선 시대 서당을 떠올려 보자. '하늘천 따지 검을 현 누를황' 천자문을 소리를 내면서 읽은 이유는 오감을 깨우기 위함이다. 글 읽는 소리를 귀로 듣는 것은 의미가 있다. 일차적으로 눈으로 보고, 이차적으로 소리 내어 읽고, 마지막으로 다시 듣는 감각적 공부법이다. 여기에 몸을 살짝 좌우로 움직이며 리듬을 타면 몸까지 글자를 기억한다. 이렇게 하면 자연스럽게 글의 이치를 깨닫게 된다. 낭독은 독서의 방법이자 동시에 말하기를 연습할 수 있는 종합적 학습법이다. 자신의 목소리를 들으면서 내용을 곱씹어 볼 수 있고, 어떻게 읽어야 더 와닿을지를 생각해 볼 수 있다. 국어 선생님들이 학생들에게 돌아가면서 교과서를 읽게 하는 것은 이러한 낭독의 효과를 노린 것이다.

낭독 독서 실천하기

소리 내어 읽기의 단점은 눈으로 읽는 묵독에 비해 에너지가

국어 탄탄 공부법

많이 소비되고 소음이 발생한다는 것이다. 그래서 아무 데서나 할 수도 없다. 이러한 단점을 역으로 이용해 보면 어떨까? 시끄러운 쉬는 시간에 집중력을 발휘해 책을 조용히 읽기는 쉽지 않지만, 떠드는 듯 소리를 내며 읽기는 가능하다. 꼭 조용한 곳에서만 낭독을 해야 한다는 편견을 버리고 오히려 모두가 떠드는 그 시간에 당당히 소리 내어 읽자.

낭독을 하게 되면 일단 말하기가 훈련되며 발음이 좋아진다. 내가 교사로 들었던 칭찬 중 하나가 '발음이 좋다'는 것이었다. 좋은 발음은 듣는 이에게 정확하게 메시지를 전달할 수 있는 장점이 된다. 물론 그냥 대충 읽는다고 발음이 다 좋아지는 것은 아니다. 한 글자씩 발음에 신경 써야 또박또박한 낭독이 가능하다.

낭독하기 좋은 글을 찾자

그렇다면 낭독하기 가장 좋은 제재는 무엇일까? 문학에서는 시와 희곡을 추천한다. 요즘 학생들이 시를 어려워하는 이유는 암송하고 있는 '시'가 없기 때문이다. 시는 운율이 담긴 짧은 글로, 우리는 시를 외우면서 비유와 같은 표현법을 자연스레 익히고, 시에 담긴 정서와 그 의미를 이해할 수 있다.

서울에 위치한 한 중학교에서는 졸업까지 시 100편을 암송하는 것을 목표로 한다고 한다. 1주일에 1편, 학년마다 33편을 암송하는 것을 수행 평가로 도입하여 학생들이 지속적으로 시를 암송하게 만든다. 이러한 교육법은 시를 배우는 데 탁월한 방법이다. 시를 암송하면 시의 형식이나 내용을 기억할 수 있을 뿐만 아니라 시 속 운율, 리듬, 감성까지도 익힐 수 있다. 또한 시를 낭독하며 머릿속으로 시에 드러난 이미지를 그릴 수도 있다. 시를 암송하면 할수록 상상력과 창의력이 샘솟게 된다.

시와 달리 연극의 대본인 희곡은 여러 인물이 등장하는 산문이다. 여러 인물이 등장하기 때문에 다양한 목소리를 낼 수 있는데 이를 통해서 다양한 인물의 감정을 경험해 볼 수 있다. 꿈이 연예계 진출인 학생들이 상당히 많은데 그들에게도 희곡 낭독이 도움이 된다. 표현력 및 발표력을 신장시킬 수 있고, 기본적인 발성 훈련을 할 수 있다. 게다가 희곡을 낭독하며 작품과의 소통을 통해 내면이 치유되는 경험도 할 수 있다.

낭독을 확장하자

문학에만 이러한 방법이 통용되는 것일까? 아니다. 묵독으로 읽고 문제 풀이를 마쳤으나 잘 이해되지 않는 지문이 있다면 소리 내어 천천히 읽어 보자. 어려운 글이 나의 속도로 천천히 해체되는 경험을 할 수 있을 것이다. 길고 복잡한 지문은 단어도 매우 어렵다. 그리고 실제로 발음해 보면 발음도 쉽지 않다. 어려운 지문을 여러 번 읽어 보며 낯선 단어도 찾아보고 그 의미도 소리 내어 읽어 보자.

자연스러운 낭독을 위해서는 의미 단위로 끊어 읽어야 한다. 그렇게 여러 번 읽다 보면 문맥을 파악할 수 있다. 글을 잘 쓰는 방법 중 하나도 낭독이다. 다 쓴 글을 소리 내어 읽어 보면 눈으로 읽었을 때보다 문장 길이를 조절하기 쉽고 어떤 단어가 잘못 쓰였는지 쉽게 파악할 수 있다.

오랫동안 책과 멀어져 책 읽기가 어려운 학생이 있다면 묵독 대신에 낭독을 시작해 보자. 낭독은 묵독보다 훨씬 쉽고 재미있다. 그렇게 해서 낭독에 적응이 되면 묵독으로 넘어가면 된다. 학습하는 게 어렵다 싶은 친구들은 다른 것보다 교과서를 먼저 소리 내서 읽어 보자. 여러분도 인식하지 못하는 사이 교과서 속 개념이 정리되는 마법 같은 일이 벌어질 것이다.

추천도서보다는
읽고 싶은 책을 읽자

"선생님, 책 읽고 싶은데 어떤 책을 읽어야 될까요?"

이런 질문을 받을 때마다 내 대답은 한결같다.

"네가 읽고 싶은 책."

서울대 권장 필독서를 피하라

시중에는 많은 필독서가 있다. 조금만 검색해 보면 '서울대 권장 필독서 100권'의 목록이 돌아다니고, 'ㅇ학년이라면 알아야 할 문학 작품'이라는 명목으로 단행본이 출간되기도 한다. 그런데 필독서라는 기준이 무엇인지 애매하다. 아무리 좋은 책도 독자의 수준과 경험에 맞지 않는다면 좋은 책이라고 할 수 없다.

나도 초등학교 3학년 때 《어린 왕자》를 읽어야 한다는 이야기를 어디선가 듣고《어린 왕자》를 읽었다. 스스로는 꽤 성숙한 편이라고 생각했는데 어린 왕자가 말하는 '길들이다'의 의미를 도대체 이해할 수가 없었다. 대학을 졸업하고 학교에서 아이들을 가르치면서야 비로소 그 의미가 와닿기 시작했다.

길들인다는 건 함께 시간을 보내고 공유할 때야 가능하다. 성인이 되면 길들인 관계가 된 친구들이 떠나갈 때가 많다. 이제 더이상 어릴 때처럼 시간과 공간을 함께 공유할 수 없기 때문이다. 각자 삶에 몰두하다 보면 친구보다는 일로 만난 사람들이 길들인 관계가 되는 경우도 많다. 이런 쓸쓸한 삶의 경험을 하고 난 후《어린 왕자》를 읽었을 때 느끼는 감정은 초등학교 3학년 때 느낌과 다르다.

좋은 책의 가치는 한 번에 깨달을 수 없다. 남들이 읽는다고 다 좋은 책도 아니다. 베스트셀러는 자본주의가 만들어 낸 허상일 수도 있다. 서점에 가면 베스트셀러가 온통 매대를 점령하고 있다. 다른 책을 보러 갔다가도 화려한 광고로 무장한 베스트셀러에 나도 모르게 눈길이 간다. 하지만 그렇게 현혹되어 구매한 책 중에는 '사지 말고 도서관에서 빌려 볼걸.'이라고 후회하게 되는 책이 꽤 있다. 생각보다 알맹이가 없어서 헛헛한 경우도 있고, 어디서 본 듯한 내용으로 가득 차서 저자의 고유한 경험이나 노하우, 생각이나 느낌을 찾기가 어려운 경우도 있다. 어떨 때는 이해하기 너무 어려워서 1장을 읽다가 중단하게 되기도 한다. '다른 사람들은 이 내용이 다 이해가 되는 것일까?' 그 책을 이해하지 못하는 스스로가 무능력하게 느껴지기도 한다. 아마 여러분도 나처럼 베스트셀러를 구입해서 독서에 실패한 경험들이 분명 있을 것이다.

베스트셀러는 사람들에게 많이 팔린 책이라는 뜻이지 좋은 책이라는 증표는 아니다. 그렇기에 베스트셀러를 보증된 책이라고 생각해서 무조건 구매해서 읽기보다는 자신의 수준에 맞고 흥미가 있는 책을 선택해서 읽는 것이 중요하다. 이를 위해서는 최소한 목차 정도는 훑어보고 선택해야 한다. 좀 더 적극적으로 서점을 방문하거나 도서관을 이용하여 내용을 조금 읽어 보고 책을 선택하기를 추천한다. 나에게 가장 좋은 책은 읽기에 무리가 없고 흥미로우며, 읽기를 지속하여 완독할 수 있는 책이다.

읽고 싶은 책을 만난다는 것

읽고 싶은 책이란 알고 싶고 조금이라도 흥미가 있는 분야를 다룬 책을 말한다. 어떤 친구는 자동차 디자이너가 되고 싶어서 자동차에 관한 책을 읽고 싶은데 이해가 잘 안 된다고 말한다. 괜찮다. 처음에는 무슨 소리인지 모를 수도 있지만, 관심이 있는 영역이라면 반복적으로 읽다 보면 배경지식이 쌓여 비슷한 책은 훨씬 수월하게 읽을 수 있게 된다.

반면 꿈이 래퍼인 친구는 다른 책을 읽어야 한다. 작사, 작곡, 랩, 힙합 등을 경험한 사람들의 에세이가 훨씬 더 도움이 되고 즐거울 것이다. 읽고 싶은 책은 나와의 관련성이 가장 중요하다. 내가 흥미 있는 것, 내가 알고 싶은 것, 내가 좋아하는 것 등을 반드시 파악해야 한다.

이런 원칙을 고수하는 가운데 또 하나 중요한 것은 중학년 이상이 되면 되도록 학습 만화와는 거리를 두어야 한다는 것이다. 많은 전문가가 학습 만화는 추천하지 않는다. 예전에 많이 읽었던 《먼 나라 이웃 나라》는 학습 만화라고 하기에는 글이 꽤 많고 생각할 거리도 풍부해서 여전히 읽어도 좋은 책이지만 대부분의 학습 만화는 굳이 읽지 않아도 되는 책이다. 학습 만화라도 읽는 것이 아무것도 읽지 않는 것보다는 낫겠지만, 책을 건성으로 읽는 나쁜 독서 습관이 생길 가능성도 있다.

그래도 책을 추천하라면

글밥이 조금 적은 책을 읽고 싶다면 학습 만화를 읽는 대신에 그림책 읽기를 추천한다. 그림책은 상상력을 자극하고 추론적 사고를 가능하게 한다. 그림책을 통해 상상하며 읽기와 추론적 읽기 능력을 어느 정도 키우고 나서 점차 글밥이 많은 책으로 넘어가면 된다. 그림책을 부모님이나 친구들과 함께 읽을 수 있다면 더 많은 이야깃거리가 생겨날 것이다.

예전과 달리 요즘은 좋은 책이 청소년들을 위한 버전으로도 많이 출간된다. 청소년을 위한 다양한 에세이도 있고, 인권과 같은 사회적 문제에 대해서도 청소년 맞춤용으로 출간되고 있다. 양질의 도서를 찾아 읽기를 지속해 보자.

여러분이 궁극적으로 도달해야 할 독서 수준은 '자기 선택적 읽기'다. 자기 선택적 읽기란 학습자가 자신의 관심사나 흥미, 수준을 고려하여 스스로 책을 선정하거나, 교사가 제공하거나 안내한 책들을 바탕으로 책 선정하기 전략을 실제 적용하여 책을 스스로 고를 수 있는 상태를 의미한다.* 정해진 과제를 따라 책을 읽는 형태의 독서가 아니라 학생들이 스스로 읽고 싶은 책을 골라 읽을 때 읽기 동기 및 효능감이 향상된다. 이는 책의 실제 독자인 학생들에게 책 선정의 자율성을 부여하고 책 선정 전략을 활용하여 스스로 읽고 싶은 책을 골라 동료와 내용을 공유하는 것을 의미한다.

그럼에도 어떤 책을 읽어야 할지 잘 모르겠고, 책 선택이 두렵다면 검증되고 엄선된 책 목록을 참고하기 바란다.

초등학생이라면 '전국독서새물결모임' 추천의 교과별 추천 도서나 '어린이도서연구회' 선정 도서를 참고하면 좋다. 청소년 이상의 경우에는 '책으로 따뜻한 세상 만들기' 교사 모임인 '책따세'

---

* 2022 중학교 국어과 교육과정 참조.

국어 탄탄 공부법

책따세

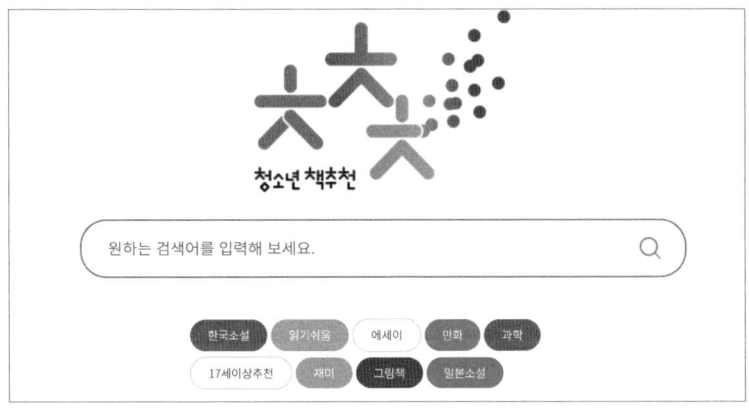

ㅊㅊㅊ

의 도서 목록을 활용하거나 ㅊㅊㅊ(청소년 책 추천) 사이트의 북틴넷을 이용하여 읽고 싶은 책을 검색하거나 찾기를 활용할 수 있다. '그림책박물관'이나 '국립어린이청소년도서관'은 모두에게 도움이 될 것이다. 특히 국립어린이청소년도서관은 국가에서 운영하고 다양한 프로그램도 갖추고 있기 때문에 책을 좋아하는 학생들에게 여러 가지 경험을 제공할 수 있다.

'서울대 권장 도서 100권'보다 더 중요한 것은 자신의 수준에 맞는 재미있는 책을 찾아서 즐거운 독서 여행을 지속하는 것이다. 내가 읽고 싶은 책을 스스로 고르는 것이 유의미한 독서를 시작하는 첫걸음이다.

이해될 때까지
천천히 읽어라

슬로리딩, 천천히 읽자

슬로리딩은 일본의 교사 하시모토 다케시가 이끈 공부법으로, 나카 간스케가 쓴 《은수저》라는 소설책 단 한 권으로 도쿄대학 합격률 1위라는 기적을 만들어 낸 것으로 유명하다. EBS 다큐멘터리에 소개되어 큰 반향을 일으켰고, 우리나라 독서 교육에도 큰 영향을 미쳤다. 마침내 2015 교육과정에 '한 학기 한 권 읽기'가 들어와 학생들과 한 학기에 한 권이라도 책을 제대로 읽자는 교육적 움직임으로 이어졌다. 한 학기 한 권 읽기는 독자가 한 편의 완결된 글을 능동적으로 읽는 독서 습관을 기르고, 독서를 하며 발생한 문제를 해결하는 문제해결력과 배경지식을 갖추는 것을 목표로 한다.

[9국02-08] 도서관이나 인터넷에서 관련 자료를 찾아 참고하면서 한 편의 글을 읽는다.

- 이 성취기준은 한 학기에 적어도 한 편의 글을 능동적으로 읽는 경험을 함으로써 스스로 책을 찾아 읽는 습관을 형성하기 위해 설정하였다. 그 과정에서 필요한 자료를 능동적으로 찾아서 참고하며 읽는 능력을 함께 기를 수 있도록 하였다. 여기서 '한 편의 글'이란 앞뒤가 잘린 제재가 아니라 한 편의 완결된 글로서, 독자의 읽기 수준이나 독서 상황에 따라 짧은 글일 수도 있고 한 권의 책이 될 수도 있다. 여러 차시에 걸친 읽기 수업을 염두에 두고 설정한 성취기준임을 고려하여, 시나 칼럼 등 지나치게 짧은 글을 선택하는 일은 지양한다. 동일한 한 편의 글 또는 한 권의 책을 선정하여 전체적으로 함께 읽을 수도 있으며, 학습자가 자신의 흥미와 수준에 맞는 한 편의 글을 선정하여 읽도록 할 수도 있다. 어느 경우든 성공적인 독서 경험을 통해 읽기에 대한 자신감과 긍정적인 정서를 함양할 수 있도록 글을 끝까지 읽을 수 있게 격려하는 일이 중요하다. 다소 긴 글을 읽다 보면 낯선 용어나 개념, 모르는 정보나 지식과 맞닥뜨리는 경우가 많은데, 이 경우 도서관과 인터넷, 사전 등에서 참고 자료를 찾아 모르는 것을 해소하고 관련된 배경지식을 확충하면서 읽도록 지도한다.

〈2015 중학교 국어과 교육과정 성취기준〉

아쉽게도 2022 개정 교육과정에서는 2015 교육과정과 달리 한 학기 한 권 읽기가 명시적인 성취기준으로 제시되지는 않았다. 그러나 전 학년에 걸쳐 한 학기 한 권 읽기를 내포함으로써 그 중요성은 사라지지 않았다고 생각한다.

SBS 스페셜 〈단독시대〉에서 밝힌 것처럼 스마트폰에서 글을 많이 읽게 되면 시선은 Z 혹은 F를 그리면서 글을 듬성듬성 읽게 된다. 이러한 읽기 방법이 지속되면 의미 단위를 중심으로 글을 끊어 읽기보다는 제목 위주와 눈에 띄는 단어 몇 개를 보고 빨리 결론을 보게 된다. 나 역시 스마트폰을 접하면서 이런 습관이 생겨 고민이다.

이러한 문제를 해결해 줄 방법이 슬로리딩이다. 한 줄 한 줄을 천천히 넘기면서 읽고, 다 읽고 난 후 반복해서 읽고, 모르는 부분을 찾아가며 읽으면 독해력 및 문해력을 향상시킬 수 있다. 글을 천천히 깊이 있게 읽는다면 우리는 한 권의 책으로 많은 것을 배울 수 있다. 독서 흥미도 높이면서 풍부한 독서 경험을 통해 창의적·비판적 사고도 함양할 수 있다. 독서를 통한 지적 성장도 경험할 수 있다.

노새 두 마리와 슬로리딩의 예시

슬로리딩을 알려 주기 위해서 중학교 3학년을 지도할 때 썼던 방법을 소개하겠다. 예전 교과서에 수록된 최일남의 소설 '노새 두 마리'로 슬로리딩을 하는 방법을 표로 제시했다. 물론 이는 전체 수업 중에 이뤄진 것이지만, 혼자서도 얼마든지 가능하다. 하나의 작품을 깊이 읽게 읽고 음미해 보자. 어떠한 작품도 좋다. 예시를 참고해서 여러분만의 슬로리딩을 설계해 보자.

	학습 목표	세부 내용
1차시	정독하여 읽기	교과서에 수록된 소설 본문 읽기
2차시	나만의 단어장 만들기	소설 속 모르는 어휘 표시하기 사전 검색하기
3차시	사회·문화적 배경 파악하기	1970년대 정치, 경제, 사회·문화, 예술 조사하기
4차시	인물 중심으로 소설 분석하기	인물 관계도 그리기 - 아버지와 나의 관계 - 아버지와 나에게 나귀가 어떤 의미인지 인물의 대사로 찾아보기
5차시	창조적 독자 되기	나귀를 찾는 포스터 함께 만들기 이후 내용 이어서 소설 쓰기
6차시	작품 내면화하기	가출한 나귀가 되어 힘들었던 점 편지 쓰기, 발표하기
7-8차시	다시 읽기	지금까지 했던 활동 복습하기 꼼꼼히 다시 읽기

슬로리딩의 예시

국어 탄탄 공부법

천천히 읽기의 진짜 의미

학교 수업에서만 슬로리딩을 할 수 있는 것은 아니다. 친구들이나 가족과 함께 할 수도 있고 혼자서 슬로리딩을 진행할 수도 있다. 글을 천천히 읽으며 모르는 단어를 찾고, 글이 소설이라면 배경이 되는 사회·문화적 상황을 조사해 보는 것도 좋겠다.

문학 작품이라면 등장인물에게 편지를 쓸 수도 있고, 글을 그림으로 표현하여 상상력과 창의력을 발휘할 수도 있다. 또한 형식 및 내용이 관련 있는 다른 책을 함께 읽으며 좀 더 깊이 있는 이해를 추구할 수도 있다.

슬로리딩은 단순히 글 읽는 속도만 천천히 조절하자는 것이 아니다. 음식을 먹을 때 다른 음식과 곁들여 천천히 음미하면서 먹으면 풍미가 더해지는 것처럼 천천히 읽으며 다양하고 깊이 있게 글을 느끼고 받아들이자는 것이다. 천천히 읽기를 통해 즐겁게 문해력이 향상되는 경험을 누려 보자.

읽은 후에는
흔적을 남겨라

책을 읽고 흔적을 남기는 방법은 3가지다. 첫 번째는 읽은 책을 기록하는 것이다. '북적북적'과 같은 독서 목록을 기록하는 앱을 활용해도 좋고 네이버 블로그의 책 리뷰를 활용해도 좋다. 어떠한 수단이든 자신이 읽은 책을 하나하나 기록하다 보면 나만의 서재가 온라인에 완성될 것이다.

두 번째는 밑줄 긋기, 표시하기다. 인상적인 부분에 밑줄을 긋거나, 인덱스를 활용해 표시를 한다. 그냥 읽는 것과 밑줄을 그으면서 읽는 것은 다르다. 이렇게 글을 읽으려면 내 책이어야 한다. 도서관에서 빌린 책에는 밑줄을 긋거나 메모를 할 수 없다. 그래서 꼭 필요한 책은 구매를 해야 한다. 구매해서 여러 번 읽기도 하고 인상적인 구절에 표시해 두며 책 속에서 얻을 수 있는 정보를 적극적으로 습득해야 한다. 이렇게 책에 표시를 해 두면 나중에 필요할 때 언제든 찾아볼 수 있기 때문에 활용도가 높다. 새 책을 매번 구입하는 비용이 부담스럽다면 중고책방을 이용하는 것도 방법이다.

세 번째는 서평 쓰기다. 서평 쓰기는 능동적이고 창의적인 독자로 진화하는 과정이다. 평소에 그냥 읽었던 책들은 기억에 잘 남지 않지만 독서 후 글을 쓴 책들은 기억에 오래 남는다.

작품을 읽고 내면화한다는 것

읽기는 글에 나타난 정보와 독자의 배경지식을 활용하여 문제를 해결하는 과정이다. 그런데 글을 읽는 행위도 중요하지만 읽기 전, 읽은 후에 하는 행위도 매우 중요하다. 읽기 전에는 질문을 통해 자신의 배경지식을 활성화하여야 하며, 책의 차례, 제목, 표지나 삽화 등을 통해서 예측하며 읽는 것이 중요하다. 그리고 책을 읽고 난 후 반드시 읽은 글에 대한 자신의 생각이나 느낌을 나만의 글로 표현해야 한다.

글을 읽은 후 자신의 언어로 표현하는 것을 서평 쓰기라 한다. 서평이라는 말보다는 독후감이라는 말이 훨씬 더 익숙할 것이다. 독후감과 서평의 차이는 무엇일까? 독후감은 책을 읽고 느낀 감상을 주로 쓰는 활동인 데 비해 서평은 좀 더 객관적으로 책의 내용에 대한 해석과 비평을 주되게 작성한다는 점에서 차이가 있다. 앞으로 쓰게 되는 글은 서평이기 때문에 기본적으로 서평 쓰기 방법에 대해 알아 둘 필요가 있다.《책 읽고 글쓰기》의 저자이자 서울대학교 기초교양 최고 인기 강사인 나민애 교수님께서 말씀해 주신 친절한 서평 가이드를 참고해 보자.

서평 및 독후감 작성 전략

1. 긴 서평을 쓰려고 하지 마라.

흔히 서평을 길게 써야 한다고 생각하는데 서평이 반드시 길어야 할 필요는 없다. 서평의 형식과 분량보다는 내용이 중요하다. 처음에는 짧았던 서평도 자꾸 쓰다 보면 자신도 모르게 길이가 늘어날 것이다. 긴 글을 써야 한다는 부담감에서 벗어나 자유로운 서평을 작성해 보자.

2. 글의 내용을 요약하려고 하지 말고 글을 읽고 느낀 점을 먼저 말해 본다.

혹시 아직도 독후감을 제출할 때 '참 재미있었다'만 쓰지는 않는가? 초등학교 저학년이 아니라면 느낀 점만으로 서평을 채우는 것은 곤란하다. 책을 읽으면서 느꼈던 의문, 주인공에 대한 공감이나 반감, 그리고 내가 주인공이었다면 어떤 기분이었을지 내면에서 올라오는 다양한 생각과 느낌을 찾아보자. 글의 내용보다 중요한 것은 내 생각과 느낌이다.

3. 쓸 내용을 입으로 먼저 정리해 본다(구두 작문).

서평의 내용을 바로 글로 적기 힘들다면 먼저 말로 이야기해 보고 그것을 글로 바꿔 보자. 요즘에는 네이버 클로바 더빙처럼 말을 글로 변환하는 앱들이 많이 있다. 따라서 글쓰기가 어렵다면 먼저 내용을 말로 해 보자. 이러한 구두 작문법은 글쓰기를 훨씬 용이하게 만들어 줄 것이다.

4. 적절한 내용 요약과 나의 경험을 결합해 본다.

서평만으로도 책을 읽고 싶게 만든다면 성공한 서평이다. 책의 내용이 적절하게 들어가 있고, 독자로서의 생각이 결합된 글은 책을 읽지 않은 사람에게도 책을 읽고 싶게 만드는 효과가 있다. 그리고 어떤 생각으로 그 책을 읽었는지 간접 경험해 볼 수 있다. 책의 인상적인 구절이나 독자로서 가졌던 아쉬움, 경외감, 감동 등을 아낌없이 표현해 보자.

책을 읽는 것보다 중요한 것은 읽기 후 활동이다. 책을 읽고 나서 아무것도 하지 않는 것보다 책을 읽고 그 흔적을 기록하는 것이 더 효과적이다. 대부분 '읽기' 자체를 중요하게 생각하는데 '읽기 전'과 '읽은 후' 과정이 있어야 짧은 시간에 하는 독서도 성공할 확률이 높다. 읽기 전 글을 예측하고, 예측이 맞는지 확인하며 글을 읽은 후 의미 있는 독서 결과물을 만드는 것이 독서를 완성하는 과정이다.

책 속에서 감동을 받은 구절이나 부분에 대해 언급해도 좋다. 책의 내용보다 중요한 것은 그 책을 접했을 때 들었던 생각이다. 잊고 싶던 과거가 떠오를 수도 있고, 슬픔이나 기쁨이 느껴질 수도 있다. 그런 솔직한 마음을 글로 엮으면 훌륭한 독후감과 서평이 된다. 한 권의 책을 읽고 남긴 한쪽의 서평이 여러분을 창조적 독자이자 능숙한 필자로 만들어 줄 것이다.

같은 주제의
다른 작품을 찾아 읽자

[9국02-06] 동일한 화제를 다룬 여러 글이나 자료를 주제 통합적으로 읽는다.

- 이 성취기준은 동일한 화제를 다룬 여러 글이나 자료를 비판적으로 읽고 자신의 관점에 따라 의미를 재구성할 수 있는 주제 통합적 읽기 능력을 기르기 위해 설정하였다. 동일한 화제에 대해 서로 다른 관점을 지닌 글을 대조하며 읽거나 비슷한 주제를 담은 다양한 형식을 비교하며 읽으면서, 독자는 편견이나 선입견을 배제하고 합리적으로 판단할 수 있게 된다. 여러 글이나 자료를 비교하며 읽는 과정에서 독자는 화제와 관련된 쟁점에 대한 충분한 이해를 바탕으로 자신의 관점을 세울 수 있다. 관점이나 형식이 다른 다양한 글이나 자료를 비교·분석하기, 대상 화제에 대한 자신의 관점 수립하기, 서로 다른 관점과

형식의 글을 자신의 관점을 토대로 통합하기, 자신의 관점에 따라 의미를 구성하고 표현하기 등을 학습한다.

〈2022 중학교 국어과 교육과정 성취기준〉

주제 통합적 읽기란 하나의 화제나 주제, 쟁점에 대해 다양한 관점과 형식으로 쓰인 글들을 비판적, 통합적으로 읽으며, 새로운 주제를 도출하거나 의미를 재구성해 나가는 읽기를 말한다. 이러한 전략은 '상호 텍스트성'을 기반으로 하고 있다. 상호 텍스트란 서로 연관되어 있는 글이나 사태라는 뜻으로, 글의 내용적인 면이나 형식적인 면에서 연관될 수 있다는 것을 의미한다.*

예를 들어 '엄마'를 주제로 독서를 할 때 신경숙의 소설 《엄마를 부탁해》와 조남주의 소설 《82년생 김지영》, 기형도의 시 〈엄마 걱정〉을 같이 읽으면서 '엄마'에 대한 다양한 생각을 나눌 수 있다. 엄마의 역할은 무엇일까, 엄마라는 존재가 가족 내에서 어떠한 의미인지 생각해 보고, 좋은 엄마란 어떤 사람일까, 생각해 보자. 엄마라는 '제재'를 다루고 있으면서도 엄마의 여러 면을 보여주는 책을 비교·대조하며 읽으며 사고를 확장하는 경험을 할 수 있다.

이러한 읽기는 주제를 심층적으로 바라보고 세계를 폭넓은 안

---

* 최미숙, 원진숙 외 《국어 교육의 이해》 참조.

목으로 인식하도록 만든다. 그리고 창의적으로 글의 의미를 구성하고, 글 내용을 비판적으로 보고 재구성하는 등 수준 높은 읽기 능력을 지니도록 만든다. 한쪽 방향이 아니라 여러 각도에서 주제를 탐색하고 읽기 때문에 균형 잡힌 시각을 지닐 수 있다.

주제 통합적 읽기 실천법

주제 통합적 읽기를 꼭 책으로만 진행해야 한다고 생각할 필요는 없다. 책 2권과 영화 1편을 함께 묶어서 봐도 좋다. '인권'에 대한 글을 쓰기 위해 먼저 소설 《우상의 눈물》, 《우리들의 일그러진 영웅》을 읽는다. 그러고 나서 박찬욱 감독의 단편영화 〈믿거나 말거나 찬드라의 경우〉라는 영화를 감상한다. 이러한 주제 통합적 읽기를 하면 '인권'이 무엇인가에 대해 토론할 때 다양한 의견을 말할 수 있다. 가장 잔인한 폭력이 무엇인지, 가해자였던 아이가 결국 도망가게 되는 것은 어떤 의미인지, 인권에 대해 부르짖으면서도 막상 우리가 누군가에게는 또 다른 가해자가 되는 것은 아닌지 작품을 근거로 이야기할 수 있다.

2022 국어과 교육과정에서 말하는 주제 통합적 읽기는 동일한 화제에 대해 서로 다른 관점을 지닌 글이나 자료를 단순히 비교·대조하며 읽는 활동을 의미하는 것은 아니다. 편견이나 선입견을 배제하고 합리적으로 비판하며 자신의 관점을 설정하고 이에 따

라 종합하고 재구성하며 읽을 수 있는 능력을 기르는 수행을 의미한다. 이를 위해 내용의 타당성과 신뢰성을 비판적으로 평가하며 읽고, 편향되지 않은 관점으로 균형 있게 정보를 수용해야 한다.

수업 중에만 주제 통합적 읽기를 할 수 있는 것은 아니다. 혼자서도 가능하다. 예를 들어 보수적 성향의 신문과 진보적 성향의 신문을 동시에 보면 똑같은 사건을 두고도 어떻게 다르게 해석하고 평가하는지 확인할 수 있다.

《난중일기》라는 작품을 읽은 후,《이순신을 만든 사람들》이라는 책을 읽고, 영화 〈명량〉을 보는 것도 주제 통합적 읽기다. 글만 읽기의 대상이 되는 것이 아니다. 이야기를 담은 매체도 얼마든지 그 대상이 될 수 있다. 이를 통해 이순신이라는 인물을 한 면에서만 보는 것이 아니라 입체적으로 보고 생각을 정리할 수 있다.

내용과 형식이 유사한 작품과 완전히 다른 작품을 겹쳐서 읽어보자. 그러면 한 작품에 빠져서 보지 못했던 면을 발견할 수 있다. 주제 통합적 읽기로 코끼리 코만 보거나 다리만 보는 좁은 시선에서 벗어나 두꺼운 다리, 고귀한 이빨, 펄럭이는 귀까지 모두 볼 수 있는 눈을 갖추자.

소설은 인물 관계도
하나면 충분하다

새로운 드라마가 시작된다는 소식을 들으면 가장 먼저 홈페이지에 가서 찾아보는 게 있다. 바로 인물 관계도다. 인물 관계도만 봐도 앞으로 전개가 어떻게 될지 훤히 보인다. 인물 관계도는 앞으로 일어날 일들을 예측하게 하고 인물의 성격을 짐작하게 한다.

수능 문제를 풀 때 학생들이 가장 어려워하는 것은 비문학이다. 하지만 그에 못지않게 어려워하는 것이 바로 생전 처음 보는 소설이다. 특히 중심인물에 주변 인물까지 여럿 등장하는 소설을 읽을 때면 누가 누구인지 분간을 못 할 때가 많다. 소설과 같은 서사 문학을 파악하기 위해서는 소설 구성의 요소인 인물을 중심으로 이야기를 기억해야 한다. 작품을 읽고 인물 관계도를 스스로 그려야 한다. 인물 관계도를 그릴 수 있다는 것은 그 작품을 완벽하게 이해했다는 증거다. 또한 인물 관계도를 보면 어떤 작품인지 완벽하게 파악할 수도 있다.

인물 관계도를 그리는 방법

인물 관계도를 보는 것은 어렵지 않지만 막상 그리려고 하면 잘 그려지지 않는다. 소설 속 인물 관계도를 그리려고 할 때는 제일 먼저 인물을 찾아야 한다. 인물을 찾을 때는 동그라미만큼 좋은 방법이 없다. 지문을 읽고 인물의 이름이 나올 때마다 동그라미를 쳐서 등장인물을 한 명도 놓치지 않는 것이 중요하다.

그런 다음 중심인물을 중심으로 관계를 표시한다. 이때 인물들의 관계가 수직적 관계인지 수평적 관계인지를 구분하는 것이 중요하다. 수직적 관계는 손윗사람과 손아랫사람으로 표현될 수 있는 관계를 의미한다. 예를 들어 주인공의 부모님은 주인공보다 윗세대이므로 주인공 위에 그리면 된다. 반면 주인공의 자녀는 주인공보다 아랫세대이므로 주인공 아래에 그린다. 수평적 관계일 때는 주인공 옆으로 그리는 것이 좋다. 수평적 관계란 보통 친구, 연인, 부부를 의미한다.

상하좌우로 인물의 위치를 잡은 후에는 선으로 인물 간의 관계를 표시해야 한다. 보통 대립이나 적대 관계일 때는 ↔로 표시하는 것이 좋고, 우호적인 관계일 때는 —으로 표시하면 좋다. 특히,

사랑하는 관계일 때는 하트(♥) 넣으면 더욱 확실하다. 짝사랑인 관계는 일방향의 화살표(→)를 사용할 수도 있다.

마지막으로 인물의 이름, 직업, 특성도 간략하게 써 두면 좋다. 이렇게 세세한 정보까지 간략하게 인물 관계도에 포함시키면 본문을 안 읽고도 작품을 다 파악할 수 있다. 인물의 위치를 잡고, 인물끼리의 관계를 선으로 표시하고, 인물 이름과 특징을 간략히 적기만 하면 인물 관계도가 완성된다. 인물 관계도를 능숙하게 그리려면 최소 반년 정도 연습이 필요하다. 평소 작품을 통해 꾸준히 연습해 보자.

일일은 박씨가 계화를 불러 왈, "대감께 여쭐 말이 있으니 아뢰거라." 하니, 계화 명을 받아 공께 아뢰니, 공이 즉시 내당에 들어가 묻기를, "무슨 말인지 듣고자 하노라."
박씨 아뢰기를, "명일 종로에 각처 사람들이 말을 팔려고 모였을 것이니, 노복에게 그중에서 비루하고 파리하여 모양이 볼 것 없는 말을 삼백 냥을 주고 사 오게 하소서."
공이 들음에 허황하나 자부가 범인과 다름을 알고 즉시 허락하며 근실한 노복들에게 분부 왈, "명일 종로에 가면 말 장사들이 있을 것이니, 그중에서 비루하고 파리한 말 하나를 삼백 냥을 주고 사 오라."
하며 돈을 주니, 노복들이 받아 가지고 나와 서로 이르되, "대감께서 무슨 연고로 비루하고 파리한 말을 삼백 냥이나 주고 사 오라 하시는고?"
하고 서로 의혹해하며, 이튿날 삼백 냥을 가지고 종로에 나가 본즉 과연 여러 말이 있더라.

– 작자미상 박씨전 –

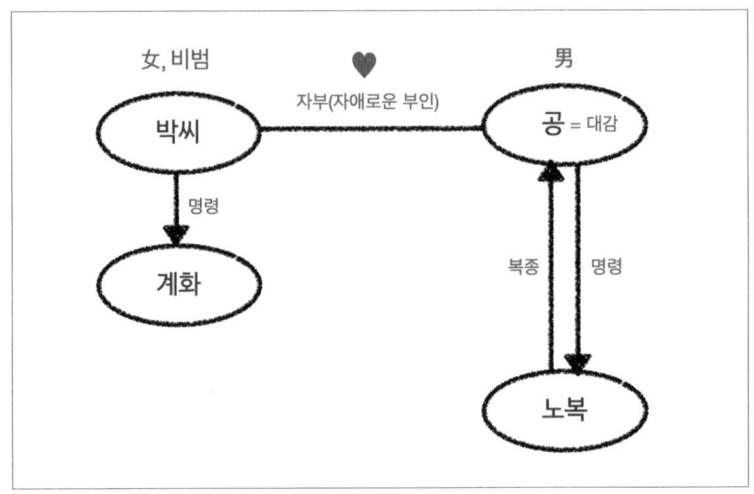

박씨전의 인물 관계도

이 소설의 중심인물은 '박씨'다. 그리고 '계화'는 박씨의 여종이다. 박씨가 계화를 향해 반말을 하는 것을 보고 박씨가 계화의 상전임을 알 수 있다. 또한 박씨가 공에게 '~하오소서'라는 말투를 쓰고 공이 박씨에게 '자부(자애로운 부인)'라고 하는 것으로 보아 '공'이 박씨의 남편임을 짐작할 수 있다. 노복들은 나이가 든 종으로 공을 '대감'이라고 부르고 있다. 가장 먼저 나오는 인물들을 동그라미로 표시하고, 이들의 상하 관계와 평등 관계, 혈연 관계를 파악하면 인물 관계도는 쉽게 완성된다.

이야기의 시작도 끝도 인물이다. 인물이 사건을 만들고, 만들어진 사건이 해결되거나 해소되며 주제가 구현된다. 인물 관계도는 인물의 서사를 확실하게 보여 주는 지도다. 어떤 길을 가는데 거기까지 가는 길을 약도로 표현할 수 있다면 그 길을 안다고 말할 수 있을 것이다. 수능에서 처음 본 소설도 인물 관계도로 그려 낼 수 있다면 이미 그 소설은 완벽하게 이해했다고 볼 수 있다.

바쁘게 시험을 치면서 시각적으로 멋진 인물 관계도를 그리라는 것이 아니다. 시험지 여백 한편에 내가 알아볼 수 있을 정도로 소설 속 인물을 해체해서 관계를 표시하면 된다. 2분 내외의 짧은 작업으로도 소설을 한 번에 정리할 수 있고, 자신이 놓친 인물이 누구인지 빠르게 파악할 수 있다. 처음에는 어색할지라도 반복해서 연습하다 보면 인물 관계도를 그리는 재미에 소설을 읽는 자신을 발견할 수 있을 것이다.

질문하며 읽어라

질문을 잃은 한국인

2010년 G20 폐막식 때 있었던 유명한 일이다. 당시 미국의 오바마 대통령이 기자회견 후 개최국인 한국에 감사하는 마음으로 한국 기자들에게 먼저 질문할 수 있는 기회를 주었다. 하지만 한국 기자들은 침묵만 지키며 아무도 질문하지 않았다. 영어에 대한 부담일까 싶어 오바마 대통령은 한국어로 질문해도 된다고 말했지만 여전히 행사장에는 고요한 침묵이 가득했다. 그 정적을 깨고 영어로 질문할 기회를 달라고 한 것은 중국 기자였다. 미국에 간 한국 영재들이 교수들에게 "적극적이지 않고 지적 호기심이 없다."는 혹평을 듣는 것이 이해되는 장면이었다.

우리는 질문에 익숙하지 않다. 바쁜 수업 시간에 쓸데없는 질문을 한다고 혼난 경험 때문일까? 초등학교 때까지 열심히 질문하던 아이들도 중학교에 와서는 눈치를 보기 시작한다. 질문을 하는 사람도, 받는 사람도 소극적이고 부정적인 반응을 하다 보니 점점 질문을 하지 않는 게 미덕이 되었다.

스스로 질문을 만들어 공부하자

이렇게 질문을 꺼리는 분위기 속에서 변화가 조금씩 일어나기 시작했다. 세계에서 노벨상을 가장 많이 수상한 민족인 유대인의 교육법 '하브루타'가 국내에서도 유행하기 시작했다. 하브루타는 서로 짝을 지어 대화하고 토론하는 학습 방식이다. 짝을 이뤄 서로 질문하지 않더라도 스스로 질문을 만들며 책을 읽고 공부해야 한다. 그러기 위해서는 질문을 어떻게 만들어야 할지에 대해 공부해야 한다.

일단 질문의 유형은 크게 2가지다. 하나는 개방형 질문이고 또하나는 폐쇄적 질문이다. 개방형 질문은 말 그대로 열린 질문으로 정답이 없는 질문이다. 반면 폐쇄적 질문은 정답이 있는 질문으로 사실적 질문이다. 책을 읽으면서도 개방형 질문을 많이 만들고 스스로 답을 생각해 보면 사고력이 확장되는 경험을 할 수 있다. '왜 제목을 이렇게 지었을까?' '내가 주인공이라면 어떻게 했을까?' '이 뒤에는 어떻게 되었을까?' 불확실한 것들에 대해서 생각해 보고 나름대로 생각을 정리하면 상상력과 창의력이 증진된다.

하브루타의 3가지 질문

조둘연, 정은아의《이스라엘식 밥상머리 공부법: 조용한 질문 혁명》에 따르면 하브루타의 질문은 크게 3가지로 나눌 수 있다. 주제 안 질문, 주제 밖 질문, 주제 외 질문이다. 주제 안 질문은 텍스트의 핵심 내용을 가지고 질문하는 방식이고, 주제 밖 질문은 주제를 벗어나서 상상할 수 있는 질문, 주제 외 질문은 주제에서 완전히 벗어나서 사회 현상이나 역사 또는 자신의 철학과 대비시켜 하는 질문이다.

주제 밖 질문과 주제 외 질문이 비슷하게 느껴지지만, 주제 외 질문은 주제 밖 질문보다 주제와 관련이 없고 독자 자신에게 묻는 질문이나 사회와 관련한 질문이라고 보면 된다. '토끼와 거북이'를 예로 들어 만든 다음 예시를 참조해 보자.

〈예시〉

주제 내 질문	토끼는 왜 휴식을 취했을까? 거북이가 승리한 이유가 무엇일까?
주제 밖 질문	토끼와 거북이는 왜 경쟁을 해야 했을까? 토끼와 거북이의 경쟁이 공정한가?
주제 외 질문	다른 민족끼리 경쟁하는 것은 옳은가? 공정한 경쟁이란 무엇인가?

국어 탄탄 공부법

여러분이 만든 질문과 내가 만든 질문이 똑같을 필요는 없다. 이런 질문과 답을 만들면서 책을 읽는 것이 중요하다. 뇌는 질문을 받으면 답을 찾으려고 노력한다. 있는 그대로 외우고 암기하는 것은 별로 좋아하지 않는다. 질문을 받고 그 질문을 해결하기 위해 답을 찾는 과정에서 사고를 관장하는 뇌의 영역인 전두엽은 활성화된다. 질문하며 읽으면 술술 읽는 읽기보다 기억에 더 많이 남는 읽기를 할 수 있다.

질문하며 읽기 독서 전략, SQ3R

질문을 바탕으로 삼아 독서하는 대표적 전략은 SQ3R이다. 이것은 오하이오 주립대 프랜시스 로빈슨 교수가 제안한 것으로 학습자의 능동적인 읽기 학습을 돕는 방법으로 오래도록 사용되었다.

S (Survey: 훑어 읽기)	제목 중심으로 훑어보기 주제어 중심으로 훑어보기 핵심 내용 예측하기
Q (Question: 질문하기)	주어진 문제가 무엇인지 파악하기 읽기 목적과 의도를 분명히 하여 질문 만들기
R (Read: 읽기)	각 부분의 의미를 연결하며 읽기 전체 내용을 파악하며 읽기
R (Recite: 확인하기)	중요한 내용을 자신의 말로 표현하기 독자의 의도와 목적에 따라 텍스트 내용 파악하기

| R
(Review: 재검토하기) | 이해가 잘 되지 않는 부분은 다시 읽기
이해한 내용이 적절한지 평가하며 다시 읽기 |

〈출처: 최미숙, 원진숙 외 《국어 교육의 이해》〉

S(Survey: 훑어 읽기)단계에서는 본격적으로 글을 읽기 전에 글의 제목, 삽화, 표지, 요약 활동 등을 빠르게 검토한다. 이 활동은 앞으로 읽을 내용을 예측하는 효과가 있다. 예를 들어《지구온난화와 탄소배출권》이라는 책 표지와 제목을 보고 '지구온난화 문제를 해결하기 위해 탄소배출을 줄이자는 얘기겠구나.'라고 예측해 보는 것이다.

Q(Question: 질문하기)단계에서는 이전 단계에서 얻은 정보를 토대로 질문을 만든다. 올바른 질문을 만들어야 독해가 제대로 이루어질 수 있다. 예를 들어 '탄소배출이 지구온난화와 무슨 연관이 있을까?', '지금처럼 탄소를 계속 배출한다면 어떤 일이 벌어질까?'와 같이 예측한 내용을 중심으로 읽기 목적을 달성하는 질문을 만들어야 한다.

R(Read: 읽기)단계에서는 세밀한 읽기인 정독을 한다. 꼼꼼히 읽으며 앞서 만들었던 질문의 답을 찾아가는 읽기를 진행한다.

R(Recite: 확인하기)단계에서는 글에서 중요한 부분을 중심으로 다시 확인해 보면서 글을 읽을 때 얻었던 답과 정보를 다시 떠올려 본다. 질문에 대한 대답을 손으로 써 보는 것도 좋다. 그리고

국어 탄탄 공부법

자신이 예측한 답안과 실제로 글을 읽으며 찾은 답안이 어떻게 다른지를 비교해 볼 수도 있다.

R(Review: 재검토하기)단계에서는 텍스트의 전체적인 내용을 스스로 재구성하며, 잘 이해되지 않는 부분을 재검토한다. 또한 이 단계에서는 글에 대해서 비판하거나 평가할 수 있다. '이산화탄소 배출이 온난화의 주범인데 막는 것은 쉽지 않겠는데?' 등 글의 주장과 근거를 따지면서 내용을 파악할 수 있다.

글쓰기 과정을 기억하라

능숙한 필자 vs. 미숙한 필자

책상 앞에 앉아 글을 쓰는 학생 두 명이 있다. 여러분은 누구와 가까운 모습인가? (1)과 (2) 중 자신과 가까운 쪽에 체크를 해 보자.

(1) 좋은 생각이 떠오르기를 기다리며 글을 쓰려고 몇 시간씩 앉아 있지만 좀처럼 첫 문장을 시작하기가 어렵다. 과제를 하긴 해야 하는데, 무엇을 써야 할지 잘 모르겠다. 1000자의 분량을 도대체 어떻게 채워 나가야 할지 모르겠다. 순간순간

떠오르는 생각들은 있지만, 그것들이 과연 관련성이 있는 생각인지도 잘 모르겠다. 이럴 때 믿을 건 역시 검색창뿐이다. 글쓰기 과제와 비슷한 주제의 글을 찾아 적절하게 짜깁기하는 것이 최선이다. 여러 글에서 조금씩 발췌하고 마지막에 맞춤법 검사기를 돌려서 글을 완성해야겠다.

(2) 글을 쓰기 위해 일단 빈 종이를 꺼낸다. 이번 글쓰기 주제는 교장 선생님께 건의하는 글을 쓰는 것이다. 우리 학교의 문제점이 무엇인지 찾아보고, 그것을 개선할 방법을 떠올리고 빈 종이에 생각을 자유롭게 적는다. 글에 적을 내용이 어느 정도 마련되었으면 건의문 형식을 찾아보며 어떻게 적어야 할지 파악한다. 그리고 나서 자신이 했던 생각 중 건의문 작성과 관련이 없는 내용을 과감하게 지우고 관련 있는 내용끼리 엮어 하나의 마인드맵을 만든다. 인터넷 검색을 통해 비슷한 문제가 있던 학교에서는 어떻게 처리했는지 찾아보고 근거를 덧붙인다. 이러한 작업을 바탕으로 초고를 작성한다. 어차피 고

쳐쓰기를 거듭할 글이기 때문에 완벽한 문장을 쓰려고 하기보다는 전체적인 내용을 표현하는 데 집중한다. 글을 다 쓴 후 읽으면서 글의 내용이 주제와 일치하는지, 주장과 근거는 타당한지, 글의 배열이나 순서가 이상하지는 않은지 조정하고 점검한다. 그리고 읽는 사람이 교장 선생님이라는 것을 염두에 두며 최대한 예의 바르게 글을 쓰되, 띄어쓰기나 맞춤법도 최종적으로 확인한다.

여러분의 모습은 어디와 가까운가? (1)처럼 글을 쓰는 사람을 '미숙한 필자'라고 부르고 (2)처럼 글을 쓰는 사람을 '능숙한 필자'라고 한다. 수행 평가의 대부분이 쓰기로 이루어지는 만큼 우리는 능숙한 필자로서 글을 쓸 수 있어야 한다. (2)처럼 능숙한 필자가 되려면 글쓰기 5단계에 충실해야 한다

글쓰기 5단계란, '계획하기-생성하기-조직하기-초고 쓰기-고쳐쓰기'를 말한다. 이 중 '계획하기-생성하기-조직하기'는 글쓰기 준비 과정이다. 대부분 이 준비 단계를 생략하고 바로 글을 쓰려고 하기 때문에 어려움에 봉착한다. 글을 쓰기 전에 충분히 준비를 하고 글을 쓰면 훨씬 쉽게 글을 창조할 수 있다.

1단계 계획하기

준비 운동 없이 본 운동에 들어가면 부상을 입을 확률이 높아진다. 글을 쓰기 전에도 어떻게 글을 쓸 것인지를 고민하고 계획해야 한다. 이러한 계획을 바탕으로 글감을 마련하고 얼개를 충분히 고민해야 좋은 글이 나온다.

예를 들어 교장 선생님께 쓰는 건의문을 작성할 때, '이 글을 읽게 될 독자는 누구일까?' '이 글을 쓰는 목적은 무엇일까?' '내가 이 글에서 하고 싶은 말은 무엇이지?' 등 구체적으로 질문해야 한다.

앞서 본 학생 (1)과 (2)의 큰 차이는 (1)의 경우 글쓰기 과제에 대한 고민과 생각이 없다는 것이다. 막연히 글을 써서 내야겠다는 생각만 있을 뿐 어떻게 하면 글을 잘 쓸 수 있을지에 대한 전략이 없다. 계획하기는 그림을 그리기 전 밑그림 단계다. 건의문 쓰기 계획하기 단계에서는 예상 독자, 문제 상황, 글의 목적, 글 유형 등을 고려해야 한다.

〈자전거 보관대 설치 건의문 계획하기〉

예상 독자: 교장 선생님

문제 상황: 학교에 자전거 보관대가 없어서 불편함

글의 목적: 설득

글 유형: 건의문

2단계 내용 생성하기

계획하기 단계가 끝나면 내용을 만드는 단계가 필요하다. 내용을 생성하는 단계에서는 되도록 많은 글감을 확보하는 것이 좋다. 글쓰기 주제와 관련해 떠오르는 생각을 자유롭게 적는 브레인스토밍 전략을 사용하면 좋다. 이때 자체 검열로 자유롭고 창의적인 사고를 방해하지 않는 것이 중요하다. 자체 검열이 심한 사람들은 글 진행이 더디다. 일단 글을 어느 정도 쓸 때까지는 검열을 자제하고 한꺼번에 고치는 것이 좋다.

'브레인스토밍'은 아이디어 기획 단계에서 많이 활용하는 방법이다. 글감을 선택하는 과정에서 먼저 다양한 생각들을 마치 두뇌

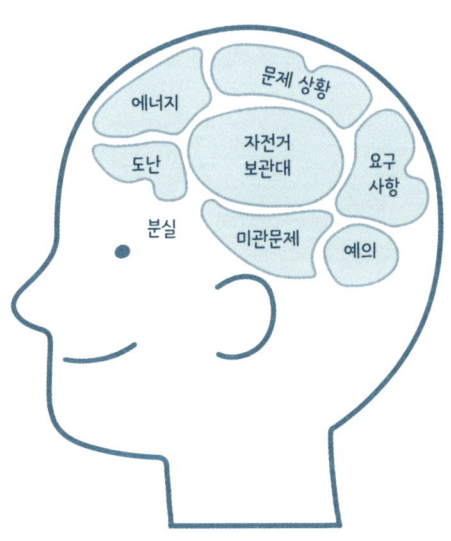

자전거 보관대 설치 건의문 내용 생성하기

가 폭풍을 일으키는 것처럼 그냥 풀어 놓는 것이다. 브레인스토밍을 잘하려면 생각나는 대로 일단 백지에 적어 보는 게 좋다. 자전거 보관대 설치에 관한 건의문을 작성해야 한다면 머릿속에 떠오르는 것들을 적어 가면서 다양한 생각을 펼쳐 나간다.

3단계 조직하기

조직하기는 일반적으로 개요 짜기를 통해 대략적인 내용을 잡는 것을 말한다. 이 과정에서는 꼭 필요한 내용과 핵심어를 추리고 어떤 순서로 글을 전개할 것인지 결정한다. 개요만 봐도 그 글이 어떤 글인지를 알 수 있다면 제대로 된 개요를 작성했다고 볼 수 있다.

〈자전거 보관대 설치 건의문 내용 조직하기〉

1. 인사말

2. 문제 상황: 자전거 보관대가 없음

3. 문제점 1: 자전거를 분실하거나 훼손하는 일이 자주 일어남

4. 문제점 2: 미관상 보기가 좋지 않음

5. 요구사항: 자전거 보관대를 설치해 달라

　장점 1: 자전거가 가지런히 세워져 있어서 보기에 좋음

　장점 2: 자전거 도난 사고도 예방할 수 있음

　장점 3: 자전거 타기를 활성화해 에너지 절약을 실천할 수 있음

4단계 초고 쓰기

이런 과정을 거치고 나서야 비로소 초고를 쓸 수 있다. 초고는 앞으로 끊임없이 고쳐질 글이므로 거침없이 작성한다. 특히 맞춤법이나 띄어쓰기 같은 것은 나중에 얼마든지 고칠 수 있으므로 편하게 쓴다. 초고는 지금까지 가지고 있던 생각을 표현하는 단계이므로 예상 독자를 고려하며 자신의 생각을 자유롭게 적는다. 완벽한 문장을 쓰겠다는 강박을 버리고, 일단 개요에 충실하게 글쓰기를 진행한다.

5단계 고쳐쓰기

이런 과정으로 초고가 완성되었다면 이제 해야 할 일은 고쳐쓰기다. 예전에는 퇴고라고 불렀으나 지금은 고쳐쓰기라고 한다. 퇴고는 맞춤법, 띄어쓰기 등의 오류를 발견하고 고치는 형식적 과정인 데 비해 고쳐쓰기는 글의 목적이나 예상 독자를 고려하고 글전체에 대해 파악하고 점검하는 과정이다.

제대로 된 글을 쓰려면 계획하기만큼 고쳐쓰기에도 많은 시간이 할애되어야 한다. 초고는 아직 미숙한 글이어서 독자가 읽기에 불편한 점이 많다. 글을 잘 쓰는 사람과 그렇지 못한 사람은 고쳐 쓰기에서 확연하게 차이가 난다. 글쓰기 고수가 되려면 무조건 많이 고쳐쓰는 방법밖에 없다. 고쳐쓰기는 글쓰기에서 중요한 단계 이므로 뒤에서 좀 더 강조하여 설명하겠다.

글은 고쳐쓰기로 완성된다

수행 평가 글쓰기를 할 때나 수시 입학에 필요한 논술문 등을 쓸 때는 고쳐쓰기를 반드시 거쳐야 한다. 글을 잘 쓰는 능숙한 필자일수록 고쳐쓰기에 많은 시간 투자를 한다. 고쳐쓰기의 기준은 예상 독자다. 고쳐쓰기란 단순히 작가로서 쓴 글을 다시 읽어 보는 게 아니라 독자의 관점으로 글을 읽고 성찰하는 행위다. 국어과 교육과정을 통해 고쳐쓰기에서 기억해야 할 것을 살펴보자.

[9국03-06] 다양한 자료에서 내용을 선정하여 통일성을 갖춘 글을 쓴다.

• 이 성취기준은 글을 쓸 때 주제를 명료하게 드러내며 쓰는 능력을 기르기 위해 설정하였다. 주제를 명료하게 드러내기 위해서는 통일성을 고려해야 하는데, 통일성은 주제와 세부 내용 간의 유기적 연결을 의

미한다. 책, 잡지, 신문, 인터넷 등 다양한 자료에서 자신의 수준과 흥미에 맞는 내용을 선정하여 쓰도록 하되, 내용을 조직하고 표현하는 쓰기 과정 전반에서, 그리고 문단 수준이나 글 수준에서 통일성을 고려하여 글을 쓰도록 한다.

〈2015 중학교 국어과 교육과정 성취기준〉

여기에서 말하는 '통일성'은 한 편의 글에 하나의 주제를 담는 것을 의미한다. 예를 들어 아무개 친구의 성격을 주제로 한 문단에서 갑자기 외모에 대해 언급하는 문장은 통일성을 해치는 것이다. 글을 마지막으로 점검하며 통일성을 어긴 문장은 없는지 꼭 살펴보아야 한다.

[9국03-08] **쓰기 과정과 전략을 점검·조정하며 글을 쓰고, 독자를 고려하여 글을 고쳐 쓴다.**

- 이 성취기준은 쓰기 과정과 전략을 점검·조정하며 글을 쓰고 독자를 고려하여 글을 고쳐 쓰는 데에 필요한 능력을 기르기 위해 설정하였다. 독자를 고려하여 글을 고쳐 쓰는 것은 글의 내용 차원, 조직 차원, 표현 차원에서 두루 이루어질 필요가 있다. 쓰기 과정과 전략을 점검·조정하기, 독자의 지식, 기대나 요구, 태도를 분석하기, 독자 분석의 결과를 반영하여 글을 고쳐쓰기 등을 학습한다.

[9국03-09] **언어 공동체의 구성원인 필자로서 자신에 대해 성찰하며, 윤리적 소통 문화를 형성하는 데에 기여한다.**

- 이 성취기준은 필자가 자신과 자신의 쓰기 과정 및 결과를 성찰하여 언어 공동체의 구성원으로 성장하는 데에 필요한 능력과 태도를 기르기 위해 설정하였다. 필자로서 자기 자신이 어떤 사람인지 필자 정체성 성찰하기, 언어 공동체의 개념 이해하기, 윤리적 소통 문화의 특성과 필요성 이해하기, 책임감 있게 글을 쓰는 태도 기르기 등을 학습한다.

〈2022 중학교 국어과 교육과정 성취기준〉

2022 중학교 국어과 교육과정 성취기준에서 말하는 [9국03-09] 고쳐쓰기의 목적은 글에서 잘못된 점을 찾는 것이 아니라 독자가 이해하기 쉽게 글을 개선하기 위한 것임을 이해하도록 하는 것이다. 새로운 내용을 덧붙이는 '추가', 불필요한 내용을 빼 버리는 '삭제', 그 위치에서 다른 내용으로 바꾸는 '대치', 글 순서를 재조직하는 '재구성'과 같은 고쳐쓰기의 일반 원리를 기억하여 고쳐쓰기 기본 전략으로 활용하도록 한다.

또한 문맥에 어울리지 않는 단어를 찾아 고쳐쓰기, 표현 효과를 고려하여 문장 고쳐쓰기, 문장이 자연스럽게 이어지지 못한 부분 고쳐쓰기, 문단 주제에서 벗어난 내용 고쳐쓰기, 글 전체 수준에서 고쳐쓰기 등 기본적인 고쳐쓰기도 진행한다.

더불어 예상 독자와 언어 공동체를 고려한 고쳐쓰기를 해야 한다. 예를 들어 특정 종교를 비판하거나 부정하는 듯한 내용을 쓴다면 그 종교를 믿는 독자들은 글을 읽고 불쾌함을 느낄 것이다. 따라서 특정 독자들이 불쾌감을 느끼거나 문제가 될 만한 내용은 글로 쓰지 않는 것이 좋다.

필자의 윤리적 규범, 쓰기 윤리

요즘 글을 쓸 때 가장 중요한 것은 '쓰기 윤리'를 준수하는 것이다. 쓰기 윤리란 글을 쓰는 필자가 그 과정에서 준수해야 할 윤리적 규범을 말한다. 2022 국어과 교육과정에서는 개인적 쓰기 윤리와 사회적 쓰기 윤리를 구분하여 설명한다.*

개인적 쓰기 윤리는 필자가 글을 쓰는 모든 과정에서 준수해야 할 윤리적 규범으로 글을 쓸 때 자기의 생각이나 느낌, 경험, 의견 등을 거짓으로 꾸미지 않고 진실하게 쓰는 것을 의미한다. 사회적 쓰기 윤리는 다른 사람의 생각이나 자료를 무단으로 베끼지 않으며, 그것을 활용할 때에는 원저자의 허락을 얻거나 출처를 명확하게 밝히는 것을 말한다. 실제 인터넷 매체에 글을 쓰고 개인적 쓰기 윤리와 사회적 쓰기 윤리를 지키며 글을 썼는지 스스로 평가해 보는 것이 필요하다.

* 2022 국어과 교육과정 참조.

가끔 유명인들이 논문 표절 시비에 휘말리는 경우가 있는데 대부분 인용의 출처를 정확하게 밝히지 않아 문제가 된 경우다. 내 주장이나 연구를 뒷받침하기 위해 다른 사람의 연구 결과나 글을 활용했다면 그 글을 어디서 가져왔는지 밝혀야 한다. 실제 수능 예시 문항에도 쓰기 윤리에 대한 문제가 출제되어 있다.

만점 받는 쓰기 평가 고쳐쓰기 전략

수행 평가의 쓰기는 학교에서 수업 시간 중에 이루어지기 때문에 사실 고쳐쓰기를 할 시간이 많지는 않다. 하지만 평소에 글을 쓰며 고쳐쓰기 전략을 익혀 두면 문장력이 좋아져서 수행 평가 만점을 어렵지 않게 받을 수 있다.

고쳐쓰기 첫 단계는 일단 쓰고 나중에 다시 고쳐쓰는 전략이다. 요즘에는 컴퓨터로 글을 쓰고 고치기 때문에 대부분 쓰면서 바로 고친다. 예전에 손으로 글을 쓸 때는 다시 앞으로 돌아가서 글을 고치기 어려웠는데 컴퓨터로 글을 쓰는 지금은 곧바로 수정이 가능하다. 하지만 이렇게 수정하다 보면 앞으로 나아가기가 어렵다. 웬만큼 글을 쓰고 시간이 좀 지나서 머릿속에서 글이 좀 지워졌을 때 고치면 잘 고쳐진다. 시간이 지나면서 망각이 생기기 때문에 글을 객관적으로 볼 수 있게 된다.

통일성에 집중하며 주제에서 벗어난 내용은 지우고, 응집성을 생각하며 글의 흐름을 파악하며 문단이나 문장을 재배치한다. 좀 더 세밀하게 들어가 어미나 단어를 수정하는 작업도 진행한다. 이렇게 고치다 보면 훨씬 효율적으로 글을 수정할 수 있다.

두 번째 단계는 '소리 내어 읽기'다. 말로 읽었을 때 매끄럽지 못하고 부자연스러우면 글로 읽어도 이상하다. 많은 사람이 문장을 길고 멋있게 쓰고 싶어 한다. 이러한 마음을 자세히 들여다보면 '내가 작가다.'라는 잘난 척을 하고 싶은 욕망이 자리하고 있다. 어려운 내용을 쉽게 푼 글이 좋은 글이다. 쉬우면서도 이해가 잘 되는 글이 사람들에게 공감과 지지를 얻을 수 있다. 화려한 수식어를 피하고 중요한 메시지만 짧고 굵게 남겨야 한다. 직접 소리 내어 읽기 어렵다면 PDF의 소리 내어 읽기 기능을 활용하자. 목도 아끼고 시간도 절약할 수 있다.

세 번째 단계는 예상 독자로 중학생을 설정하여 고쳐쓰는 것이다. 중학생도 편안하게 읽을 수 있는 글은 어떤 독자도 잘 읽을 수 있다. 되도록 쉬운 단어를 쓰고, 적절한 비유와 예시를 활용하여 독자를 이해시키는 것이 필요하다.

이러한 고쳐쓰기 전략을 평소 몸에 익혀 두면 어떠한 글도 잘 고쳐쓸 수 있다. 물론 맞춤법이나 띄어쓰기 등도 익혀 두면 좋다. 고쳐쓰기는 단순히 잘못된 것을 바로잡는 것이 아니다. 예상 독자를 고려하여 글을 점검하고 조정하는 행위이며, 내용을 정확하게 전달하기 위해 정교하게 다듬는 과정이다. 고쳐쓰기를 연습해서 쓰기 평가 만점에 도전해 보자.

요약문을
쓸 수 있으면 백점이다

요약문은 단순히 긴 글을 줄여 쓴 짧은 글을 의미하지 않는다. 요약하기는 읽기를 제대로 했는지 확인할 수 있는 종합적인 독해 활동이다. 나아가 글을 읽고 요약문을 작성하는 것은 읽기만 하던 수동적 독자에서 능동적이고 창조적인 독자로 거듭나는 행위다. 요약하기를 통해 글을 정확하고 체계적으로 이해할 수 있고, 요약문이라는 새로운 글을 작성할 수 있다.

[6국02-01] **글의 구조를 고려하며 주제나 주장을 파악하고 글 내용을 요약한다.**

• 이 성취기준은 글의 구조를 고려하며 글의 중심 내용을 파악하고 자신의 언어로 요약하는 능력을 기르기 위해 설정하였다. 요약하기의

일반 원리를 이해하기, 글의 구조를 시각화한 도해 조직자를 활용하여 글의 구조와 내용 파악하기, 주제나 주장을 파악하기, 글의 중심 내용을 자신의 언어로 재구성하여 요약하기 등을 학습한다.

[9국02-03] 읽기 목적이나 글의 특성을 고려하여 글 내용을 요약한다.

• 읽기 목적과 글의 구조를 고려하여 요약하기를 지도할 때는 선택, 삭제, 일반화, 재구성 같은 요약의 규칙을 기계적으로 적용하여 중심 내용을 도출하기보다는 학습자의 읽기 목적을 고려하여 필요한 정보가 무엇인지를 확인한 후 이에 부합하는 중심 내용을 요약할 수 있도록 한다. 이때 글의 구조를 고려하여 중심 내용을 요약하도록 안내하면 효과적이다. 글 전체에 대한 요약인 경우 글의 거시적 구조를 고려한 요약이 이루어질 수 있고, 글 일부에 대한 요약인 경우 글의 미시적 구조 혹은 내용 전개 방식을 고려한 요약이 이루어질 수 있다. 글의 구조를 시각화하여 제시한 도해 조직자를 활용할 수 있고, 짝이나 모둠 활동을 연계하여 요약하기 과정과 결과를 공유하며 효과적으로 전략을 내면화할 수 있도록 지도한다. 해당 성취기준은 타 교과 학습을 위한 교과서 읽기, 학습 자료 읽기 등의 상황과 연계하여 지도함으로써 교과 학습 능력과 읽기 능력이 균형 있게 발달할 수 있도록 지도한다.

〈2022 중학교 국어과 교육과정 성취기준〉

국어 탄탄 공부법

요약하기 방법

요약하기는 국어에서 매우 중요한 부분이라 국어과 교육과정 전반에서 강조하고 있다. 일반적인 요약하기는 선택, 삭제, 일반화, 재구성으로 진행된다. 글 속에 제시된 주제나 중요한 내용을 선택하고, 불필요한 수식이나 반복되는 것이나 중요하지 않은 내용을 삭제한다. 하위 개념이 나와 있다면 이를 포괄적인 상위 개념으로 대치 또는 일반화하여야 한다. 또한 중심 내용을 재구성하는 것도 필요하다.

예를 들어 '나는 축구, 야구, 농구, 배구를 좋아한다.'라는 문장이 있으면 '나는 스포츠를 좋아한다.'라고 대치하여 요약할 수 있다. 재구성은 중심 문장이 뚜렷하게 드러나지 않은 글에 나와 있는 정보를 바탕으로 자신의 언어로 다시 주제문을 만드는 것을 말한다. 이러한 규칙을 활용한다면 요약하기는 어렵지 않게 해 낼 수 있다.

요약하기 연습

교과서 지문을 통해서 요약하기 연습을 해 보도록 하자. 천재(박) 1학년 1학기 교과서에 1. (2) 요약과 판단하기에 등장하는 지문이다.

> ### 조상의 슬기가 낳은 석빙고의 비밀
>
> 이광표
>
> (1) 여름이 되면 냉장고에 있는 얼음에 자꾸 손이 가기 마련이다. 지금은 집집마다 냉장고가 있어서 손쉽게 얼음을 구할 수 있다. 그런데 옛사람들도 더운 여름에 얼음을 사용했다고 한다. 냉장고가 없었는데, 어떻게 얼음을 구했을까? 냉장고가 없었던 옛날, 우리 조상들은 겨울에 채취한 얼음을 석빙고(石氷庫)에 저장했다가 여름에 사용했다. <u>겨울철에 석빙고에 저장한 얼음을 어떻게 한여름까지 보관할 수 있었는지, 그 비밀을 알아보자.</u>

　(1)은 글의 처음 부분으로, 설명하는 대상을 소개하고 독자에게 흥미를 유발하며 앞으로 글을 전개할 방향을 제시하는 부분이다. (1)에서 가장 중요한 부분은 맨 뒷부분이다. 앞으로 어떤 내용을 설명할지 명확하게 한 문장으로 정리되어 있으므로 (1)의 주제문은 '겨울철에 석빙고에 저장한 얼음을 어떻게 한여름까지 보관할 수 있었는지, 그 비밀을 알아보자.'라고 정리할 수 있다. (1)은 명확한 주제문이 있기 때문에 이를 선택하면 되지만, 명확한 주제문이 없는 문단은 어떻게 요약을 해야 할까? 그때는 삭제, 대치, 재구성의 원리를 이용해야 한다. (2)를 통해서 다시 한번 연습해 보자.

(2) 그 비밀을 알려면 먼저 석빙고의 절묘한 천장 구조를 살펴보아야 한다. 석빙고의 천장은 아래 사진에서 보듯, 1~2미터 간격을 두고 나란히 배치된 4~5개의 아치형 구조물로 이루어져 있다. 각각의 아치 사이에는 자연히 움푹 들어간 공간이 생기게 된다. 이 공간을 '에어 포켓'이라고 하는데, 여기에 비밀이 숨어 있다. 얼음을 저장하고 나서 시간이 지나면 내부 공기는 조금씩 더워진다. 하지만 더운 공기가 위로 뜨는 순간 그 공기는 에어 포켓에 갇혀 아래로 내려올 수 없게 된다. 에어 포켓에 갇힌 더운 공기는 에어 포켓 위쪽에 설치된 환기구를 통해 밖으로 빠져나간다. 이렇게 해서 석빙고 내부는 한여름에도 저온 상태를 유지할 수 있었다. 실로 놀라운 구조이다.

(2)는 (1)과 달리 명확하게 한 문장만을 중요한 내용으로 밑줄 칠 수가 없다. 그렇다면 전체적인 내용을 보고 요약문을 새로 만들어야 한다. (2)는 석빙고의 내부 구조를 통해 한여름에도 저온 상태를 유지하는 것에 대한 설명이다. 그 비결은 석빙고의 천장 구조였다. 석빙고의 천장 구조가 일종의 에어 포켓 역할을 하여 더운 내부 공기를 가두고 나중에 환기구로 빼는 방식이었다. 이러한 내용을 한 줄로 요약할 때 꼭 있어야 하는 중심 단어는 '석빙고', '저온 상태', '천장 구조', '에어 포켓'이다. 이들을 중심 단어로 선택하고, 문장을 재구성해야 한다.

이를 활용해서 문장을 완성하면 '석빙고가 저온 상태를 유지할 수 있었던 것은 더워진 내부 공기를 에어 포켓에 가두었다가 밖으로 빼내는 천장 구조 때문이다.' 혹은 '석빙고의 천장은 더워진 내부 공기를 에어 포켓에 가두었다가 밖으로 빼내는 구조로 석빙고를 저온 상태로 유지할 수 있게 하였다.'라고 요약할 수 있다.

처음부터 글을 요약하는 게 쉬운 일은 아니다. 글을 요약해야 한다는 것만으로도 부담스러울 수도 있다. 재미있게 본 영화를 친한 친구에게 소개하는 마음으로 글을 요약해 보면 어떨까? 중요하지 않은 내용은 과감하게 삭제하고 구체적인 내용은 포괄적인 내용으로 대치 또는 일반화한다. 또 명확하게 드러난 주제문이 없다면 중심 단어와 내용을 바탕으로 주제문을 재구성해서 만들면 된다. 짧은 분량이지만 요약문을 작성하는 데도 연습이 필요하다. 글의 목적이나 유형을 고려하여 몇 단락의 글을 한 단락으로 요약하는 훈련을 반복하자. 어느 순간 긴 글도 짧게 요약할 수 있는 능력을 갖출 수 있다.

그림으로 표현하라

비주얼 씽킹과 마인드맵

비주얼 씽킹(visual thinking)은 자기의 생각을 글과 이미지 등을 통해 체계화하고 기억력과 이해력을 키우는 시각적 사고 방법이다. 즉, 글과 그림으로 생각을 표현하는 방법이다.《참쌤의 비주얼 씽킹 끝판왕》에서 비주얼 씽킹은 '비주얼'이 아니라 '씽킹'에 포인트가 있다고 말한다. 이는 비주얼 씽킹이 단순히 그림을 그리는 활동이 아니라 이미지로 사고하는 습관임을 뜻한다. 비주얼 씽킹은 그림을 활용하여 추상적이고 복잡한 개념을 단순하고 직관적으로 나타내어 효율적인 학습을 가능하게 한다.

마인드맵은 텍스트를 주로 사용하며 지식을 구조화·체계화하여 정리한다. 비주얼 씽킹은 마인드맵과 비슷한 형태지만 관련된 사진 혹은 그림을 넣어 조금 더 기억에 남게 하는 방법이라고 볼 수 있다. 공부를 가장 잘하는 집단인 의대생들이 공부할 때 신체 기관을 그리면서 공부하는 것은 아주 효율적인 비주얼 씽킹 학습 법이다.

공부를 잘하는 학생들을 보면 필기에 구조화가 잘 되어 있어서 한눈에 보기 편하다. 중요한 부분은 빨간색으로 표시를 해 두기도 하고, 별표를 쳐 두기도 한다. 반면 공부를 못 하는 학생들의 필기 는 무엇이 중요한 내용인지 알아보기 어렵다. 마인드맵과 비주얼 씽킹은 사고의 결과물이자 생각하는 힘을 보여 주는 도구다.

초등학교 때는 수업에서 비주얼 씽킹을 많이 진행한다. 하지만 중고등 학생이 되면 수업에서 활용 빈도가 줄어드는 게 사실이다. 배워야 할 내용이 많고 깊이도 깊어지므로 문자 중심 수업이 많 기 때문이다. 게다가 사춘기가 되면서 학생들이 그림 그리는 것을 귀찮아하기도 하고, 그림에 대한 호불호가 갈리기 때문에 부담감 을 느끼기도 한다.

하지만 배운 내용을 그림으로 표현해 두면 한눈에 배운 내용을 파악할 수 있고, 시간이 지나도 기억과 회상이 용이하다는 장점이 있다. 그러니 수업 시간에 이루어지는 비주얼 씽킹 활동에 열심히 참여하고, 학습 내용을 스스로 비주얼 씽킹을 통해 정리해 보도록 하자.

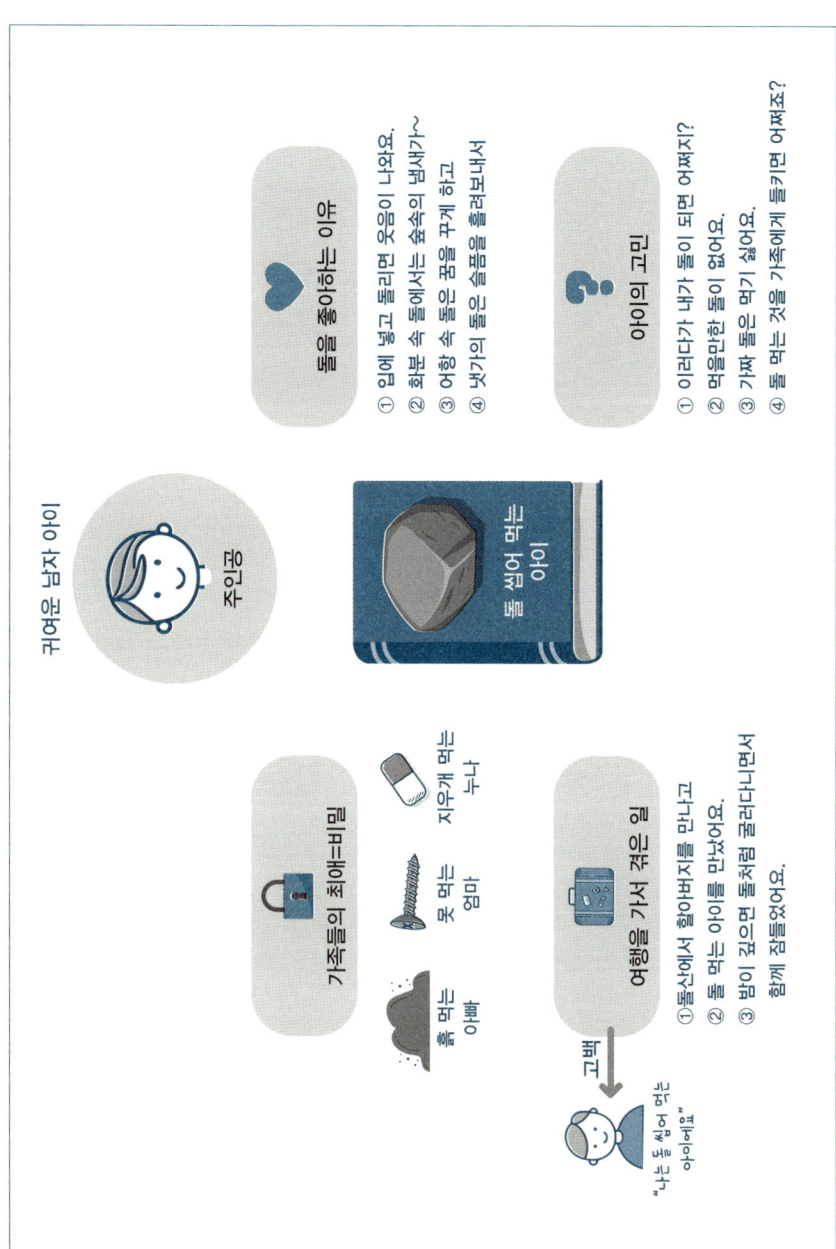

비주얼 씽킹 예시

비주얼 씽킹을 할 때 주의점

비주얼 씽킹을 할 때는 그림에 신경 쓰지 않는 것이 제1의 원칙이다. 물론 잘 그리면 좋지만 '비주얼' 때문에 '씽킹'을 망칠 필요는 없다. 처음에 그림을 그리면서 자기 생각이 잘 표현되었는지 타인에게도 한번 보여 주고, 수정이나 보완이 필요한 부분은 적극적으로 수정하면 된다.

비주얼 씽킹은 하얀 백지에 그림을 그리는 것이 아니다. 나름대로 레이아웃이 있다. 비주얼 씽킹에 자주 쓰이는 레이아웃은 원 안에 개념 혹은 대상을 쓰고 원의 바깥 부분에 자세한 설명을 적는 '원형', 대주제를 소주제로 가지치기해 나가는 '가지형', 종이에 대고 그린 자기 손 모양 틀에 이미지와 텍스트를 배치하는 '손가락형' 등이 있다.

비주얼 씽킹의 효과

비주얼 씽킹의 효과는 우뇌를 자극하는 것이다. 글은 논리적인 영역을 담당하는 좌뇌를 자극하지만, 그림은 상상력과 창의력을 담당하는 우뇌를 자극한다. 따라서 그림으로 표현하면 우뇌도 활성화된다. 그림은 기억이 훨씬 잘 난다. 글자에 비해 자극이 세기 때문이다. 비주얼 씽킹을 하면서 저절로 암기가 되는 경험을 할 수 있다. 괴롭게 암기하지 않아도 기억이 나기 때문에 공부가 재미있다.

비주얼 씽킹을 하면서 이렇게 표현해도 될까 고민을 하면 메타인지가 촉진된다. 메타인지가 활성화되면 중요하지 않은 것과 중요한 것을 구분 지을 수 있다. 공부는 기본적으로 변별이 중요하다. 개념과 예시를 구분하고 그 외 기억해야 할 것을 보태면 된다.

그림도 하나의 언어다

위급한 상황에는 비상구라는 글자보다 어디론가 뛰어 나가는 사람의 모습을 담은 픽토그램이 더욱 눈에 띄는 것처럼 딱딱한 글자보다는 색감이 있는 그림이 훨씬 눈에 잘 들어온다. 공부를 할 때 비주얼 씽킹을 이용하면 어려운 내용도 쉽게 느껴질 수 있다. 처음 만들기는 어렵지만 잘 만들어 놓으면 복습이 금방 된다. 학습과 그림을 접목시켜 어려운 공부를 쉽고 재미있게 시작해 보자.

문학과 역사를
함께 공부하라

착시 그림을 본 적이 있는가? 같은 그림을 보더라도 보는 관점에 따라 젊은 여자의 옆모습이 보일 수도 있고 나이가 지긋한 할머니의 정면이 보일 수도 있다. 이처럼 동일한 그림도 어떤 시각에서 어떤 각도로 보느냐에 따라 다르게 보인다. 문학 작품도 마찬가지다. 어디에 초점을 두고 문학 작품을 감상하느냐에 따라 작품 감상의 포인트가 다를 수 있다.

문학 작품 감상 방법

먼저, 문학 작품을 볼 때 외적인 요소를 하나도 보지 않고 작품 내부에 집중해서 그 의미를 해석하고 감상하는 방법이 있다. 이를 내재적 관점 혹은 절대주의적 관점이라고 한다. 시는 주로 어조, 운율, 이미지, 수사법, 시상 전개 등을 중심으로 작품을 감상하고 소설은 서술자, 구조, 인물, 문체, 시점 등을 중심으로 감상한다. 수능 시험장에서 생전 처음 보는 문학 작품도 수험생들이 파악하고 문제를 풀 수 있는 이유는 어떤 작품이라도 작품 자체만으로 어느 정도 파악할 수 있기 때문이다.

반면 작품 외부에 존재하는 작가, 독자, 시대적 배경 등을 고려하여 작품을 감상하는 방법이 있다. 이를 외재적 관점이라 한다. 외재적 관점에는 작품을 창작한 작가를 고려하여 작품을 감상하는 표현론적 관점, 작품 속 반영된 현실을 고려하는 반영론적 관점, 독자가 느끼는 감정이나 생각을 중심으로 작품을 감상하는 효용론적 관점이 있다.

이런 외재적 관점은 내재적 관점이 지닌 한계를 보완한다. 내재적 관점은 오로지 작품만을 준거로 감상하기 때문에 작품을 종합적으로 파악하는 데 어려움이 있다. 작품이 어떤 사회 현실을 반영하고 있는지, 작품의 창작자는 무슨 의도로 이런 작품을 창작했는지, 이 작품이 독자에게 주는 의미는 무엇인지에 대해 알기 어렵다. 내재적 관점으로 작품을 파악하는 것은 맛있는 음식을 일부만 맛보는 것과 같다. 문학을 온전히 이해하기 위해서는 작품 내부와 외부에 있는 요소를 모두 고려해야 한다. 특히 작품 속 창작 배경이 되는 시대는 작가의 세계관을 간접적으로 보여 준다.

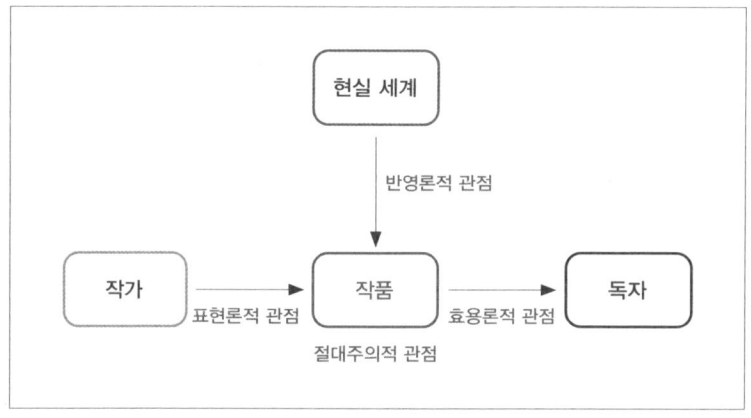

문학 작품 감상 방법

국어와 역사는 한 가족이다

우리는 계속 역사를 공부하고 기억해야 한다. 단편적으로는 취업과 구직을 위해 필요하고, 궁극적으로는 선조들이 지켜 온 한민족의 역사와 문화에 대해 자긍심을 느끼며 과거를 통찰하고 미래를 살아갈 지혜를 얻기 위해 필요하다. 한국사를 공부하는 것은 비단 역사적 사실만 기억하는 것이 아니다. 대한민국의 발전 과

국어 탄탄 공부법

정, 정치, 사회, 경제, 문화를 함께 기억하고 공부하는 것이다. 그 속에 우리 민족이 만들어 온 문화예술인 문학이 있다.

국어 수업에서 다루는 문학은 우리 문학이다. 그런데 우리 문학은 한글이 발생하기 이전부터 한글 창제 이후 발생한 근현대 문학을 모두 포함한다. 이러한 문학이 왜 탄생했는지, 문학의 의미를 이해하기 위해서는 역사 공부가 바탕이 되어 있어야 한다. 개인의 삶은 현실과 분리될 수 없기에 시대의 한 부분을 담고 있다. 문학에는 예술적 측면과 더불어 그 시대를 살아가던 주체의 역사의식도 담겨 있다.

역사를 알면 고전 문학부터 근현대 문학까지 모두 수월하게 공부할 수 있다. 우리가 알아야 할 고전 시가, 고전 산문, 현대 시, 현대 소설은 그 시대를 살았던 조상들이 직접 창작하거나 구전된 작품이다. 그들이 살던 시대적 사실과 상상력이 결합하여 문학이 되었다. 따라서 역사의식을 바탕으로 작품의 배경이 된 사회문화적 맥락을 이해해야만 온전히 작품을 이해할 수 있다. 우리가 잘 알고 있는 시조 〈단심가〉와 〈하여가〉를 통해서도 이를 확인할 수 있다.

하여가

이방원

이런들 어떠하며 저런들 어떠하리
만수산 드렁칡이 얽혀진들 어떠하리
우리도 이같이 얽혀져 백 년까지 누리리라.

단심가

정몽주

이 몸이 죽고 죽어 일백 번 고쳐 죽어
백골이 진토 되어 넋이라도 있고 없고
임 향한 일편단심이야 가실 줄이 있으랴.

혼란스러운 고려말과 우리 문학

고려말 불리기 시작한 시조는 국문학사의 대표적 갈래다. 길이도 세 줄로 짧아 부르기에 적합하다. 각각 4음보로 이루어진 세 개의 장(첫 번째 줄은 초장, 두 번째 줄은 중장, 세 번째 줄은 종장이라 부른다)이 긴밀하게 연결되며 간결한 형식과 절제되고 함축적인 언어를 통해 개인적인 감정을 잘 드러내고 있다.

이 두 시조를 주고받은 고려 말은 매우 혼란한 시대였다. 공민왕이 죽고, 홍건적과 왜구의 침략도 잦아 백성들은 힘든 삶을 보내고 있었다. 이럴 때 혜성처럼 등장한 무인 세력 중 한 명이 조선을 건국한 태조 이성계다. 이성계는 썩은 고려를 무너뜨리고 새로운 나라를 세우자는 급진파 사대부 정도전과 함께 조선을 세운다. 이때 고려에 대한 충심을 드러내며 부분 개혁을 주장한 사람이 바로 온건파 사대부 정몽주다. 이성계의 아들 이방원은 아버지 이성계가 나라를 세우는 데 정몽주가 걸림돌이 될 것임을 짐작했다. 그래서 그를 찾아가 시조를 건네며 회유했다.

이방원은 노골적으로 '왕조가 바뀐들 무슨 상관이냐. 얌전히 우리 손 잡고 부귀영화를 누리며 새 왕조를 세워 잘 나가 보자.'라는 의미로 시조를 건넸고, 정몽주는 '설사 죽더라도 고려를 향한 충심은 바꾸지 않는다.'라며 일편단심으로 답했다. 이에 이방원은 회유를 포기하고, 결국 고려 백성들의 존경을 받는 정몽주를 선죽

교에서 암살한다. 추후 이를 알게 된 이성계가 매우 슬퍼했다고 한다. 안타까운 일이지만 어쩌면 새로운 역사가 탄생하기 위해 필요한 사건이었는지도 모른다. 이런 역사적 배경을 알고 시조를 읽으면 그 의미가 더욱 생생하게 전달된다.

일제 강점기 문학을 알기 위해서는 문학사가 필수다

근대로 넘어와 일제 강점기 문학을 접할 때도 역사는 매우 중요하다. 1900년대에는 전통을 벗어던진 새로운 작품, 신소설이 등장했다. 물론 근대성을 띤 새로운 소설이라고 보기는 어렵지만 이러한 태동을 바탕으로 최초의 현대 장편 소설이라고 말할 수 있는 이광수의 《무정》이 1919년 탄생했다. 《무정》에는 지금 우리가 많이 보는 삼각관계가 등장한다. 하지만 여전히 봉건과 개화라는 틀 속에서 이야기가 진행되고 결말 또한 계몽에 치우쳐 한계가 느껴진다.

1919년의 3·1 운동을 기점으로 1920년대 초반은 동인지(사상, 취미, 경향 따위가 같은 사람들끼리 모여 편집·발행하는 잡지) 문학이 주류를 이루었다. 소설 《감자》를 쓴 김동인이 주도했던 〈창조〉, 염상섭의 〈폐허〉, 현진건-나도향의 〈백조〉가 그 예다. 이러한 흐름 속에서 자유로운 리듬과 개성이 넘치는 현대 시가 등장했다. 특히 김소월이 전통적 운율 속에서도 한의 정서를 잘 표현한 〈진달래

꽃)과 같은 시를 창작해 민족시인이라고 불리기도 했다. 소설가 염상섭은《만세전》과 같은 소설을 통해 1920년대 식민지 치하 조선의 현실을 사실적으로 묘사했다.

일제의 민족 말살 정치가 한창이던 1930~1940년대에는 다양한 문학의 방향이 쏟아졌다. 현실을 리얼하게 표현하는 '리얼리즘', 현대 문명을 지향하면서도 다른 한편으로는 이를 비판하는 '모더니즘', 그리고 사회적 흐름에 영향을 받지 않고 문학 본연의 길을 고집하는 '순수문학'으로 나누어졌다. 이미 1920년대에 식민지 조선을 사실적으로 묘사했던 염상섭은 1930년대에《삼대》라는 작품을 통해 자본주의 사회에 대한 비판적 인식을 드러낸다. 그러면서 식민지 자본주의의 상징이라고 할 수 있는 경성의 풍속을 세밀하게 그려 낸다. 또한 채만식은《태평천하》라는 작품을 통해 식민지 조선의 현실을 '풍자'라는 방법으로 우회적으로 드러내면서 잘못된 역사의식을 지닌 인물들을 꼬집고 있다.

'모더니즘'에서는 이상과 박태원의 활약이 돋보인다. 이상은《날개》라는 소설, 〈오감도〉라는 아주 기괴하고 어려운 시를 통해 자아정체성에 대한 문제를 제기했다. 또한 영화 〈기생충〉을 만든 영화감독 봉준호의 외조부인 소설가 박태원이 쓴《소설가 구보씨의 일일》이 돋보인다. 작품은 문명화된 도시에 사는 예술가의 하루를 카메라로 따라다니며 찍은 것처럼 보여 준다. 이것을 카메라 아이

기법이라고 하는데, 지금으로 따지면 브이로그 같은 느낌이다.

반면 이러한 시대적 흐름에 영향을 받지 않고 순수한 문학의 길을 고집했던 김영랑, 정지용 같은 시인도 있다. 김영랑 시인은 〈돌담에 소색이는 햇발같이〉라는 시를 통해 내면적 세계와 한국어의 아름다움을 드러냈으며, 정지용 시인은 〈유리창〉이라는 시로 자식을 잃은 절절한 부정을 섬세하고 절제된 언어로 표현했다.

이러한 흐름을 거쳐 1940년대에는 〈화사〉라는 시를 통해 관능의 세계를 그린 서동주, 향토적 세계를 다룬 〈고향〉을 쓴 백석과 같은 시인들도 등장한다. 식민지 지식인으로서 부끄러운 마음을 표현한 윤동주와 일제에 강한 저항 의지를 드러낸 이육사와 같은 시인도 이때 활동했다. 윤동주의 〈자화상〉, 〈쉽게 쓰인 시〉, 〈참회록〉, 이육사의 〈청포도〉, 〈절정〉, 〈광야〉 등의 작품은 꼭 찾아서 읽어 보기 바란다. 지금 언급한 일제 강점기 문학 작품들은 모두 수능 및 내신 시험에서 자주 접하게 되니 반드시 익혀 두어야 한다.

현대 문학에는 사회의 급격한 변화가 숨어 있다

1945년 갑작스러운 광복 이후 우리는 6·25라는 동족상잔의 비극을 겪었다. 한 가족에게 닥친 전쟁의 불행을 가장 잘 녹여 낸 작가 중 한 명이 소설가 박완서다. 물론 최인훈의 《광장》과 같은 소설이 남과 북을 관통하는 이념의 문제를 잘 드러냈다고 평가하는 사람도 있다. 하지만 한국전쟁으로 가족이 해체되고 붕괴되어 버린 개인의 고통을 가장 잘 드러낸 것은 박완서의 《엄마의 말뚝 2》라고 생각한다. 실향민 박완서 작가의 절절한 마음이 소설에 그대로 반영되어 있다.

한국전쟁 이후 남북으로 분리된 후 우리나라는 국가를 재건하기 위해 급격한 산업화 정책을 폈다. 결과적으로 경제가 부흥하고 부유층이 생기는 등 경제적 호황을 누리게 되었지만, 빈부격차의 확대, 무분별한 개발로 인한 자연파괴 등의 문제를 낳았다. 이러한 문제는 김광섭의 〈성북동 비둘기〉라는 작품에서 두드러지게 드러난다.

비둘기는 원래 절벽에 사는 새다. 그런 비둘기가 절벽산을 찾아가지 않고 도시에서 구박덩이로 인간 곁에 머무르는 이유는 무엇일까? 시 〈성북동 비둘기〉에서 알려 주는 것처럼 원래 인간들이 들어서기 전 그곳은 비둘기 터전이었기 때문이다. 산과 절벽을 파괴하고 고층 빌딩을 세우며 불법 침입한 죄는 인간이 저질렀다. 새들은 원인도 모른 채 고향과 터전을 빼앗겼다. 여러분이 하루아침에 침입자에게 집을 빼앗겼다면 쉽게 그 집을 떠날 수 있을까? 아마 집을 다시 찾을 수 있다는 희망을 품고 그 주위를 맴돌며 살아갈 것이다. 비둘기도 같은 상황이다.

성북동 비둘기

김광섭

성북동 산에 번지가 새로 생기면서
본래 살던 성북동 비둘기만이 번지가 없어졌다
새벽부터 돌 깨는 산울림에 떨다가
가슴에 금이 갔다
그래도 성북동 비둘기는
하느님의 광장 같은 새파란 아침 하늘에
성북동 주민에게 축복의 메시지나 전하듯
성북동 하늘을 한 바퀴 휘돈다.
성북동 메마른 골짜기에는
조용히 앉아 콩알 하나 찍어 먹을
널찍한 마당은커녕 가는 데마다
채석장 포성이 메아리쳐서
피난하듯 지붕에 올라앉아
아침 구공탄 굴뚝 연기에서 향수를 느끼다가
산 1번지 채석장에 도로 가서
금방 따낸 돌 온기에 입을 닦는다.
예전에는 사람을 성자처럼 보고
사람 가까이서
사람과 같이 사랑하고
사람과 같이 평화를 즐기던
사랑과 평화의 새 비둘기는
이제 산도 잃고 사람도 잃고
사랑과 평화의 사상까지
낳지 못하는 쫓기는 새가 되었다.

게다가 비둘기는 고층 빌딩을 절벽으로 인식한다고 한다. 자연 절벽이 새로운 절벽으로 바뀐 것으로 생각하고 구박과 눈총을 받으며 길거리에 떨어진 음식물 쓰레기를 주워 먹으며 유해동물로 지정되는 비참한 삶을 이어 나가고 있다. 이러한 현실을 알고 나서 〈성북동 비둘기〉를 다시 읽어 보면 인간이 자연에 가한 폭력이 얼마나 처참한 것인지를 깨닫게 된다.

사람들은 뚱뚱한 비둘기나 길고양이를 보면 돼지처럼 많이 주워 먹었다고 비난한다. 하지만 그들의 살집은 사실 과도한 염분을 섭취해서 얻은 붓기다. 나 역시 비둘기가 머리 위로 날갯짓을 하면 그들의 몸에서 떨어질 각종 기생충을 두려워하며 미워했다. 하지만 비둘기의 감춰진 진실을 알게 된 후 미안한 마음을 감출 수 없었다.

문학사와 문학은 떼려야 뗄 수 없는 관계다. 역사에는 스토리텔링이 살아 있다. 문학 속 현실은 객관적인 시대상을 반영하는 동시에 세계를 바라보는 작가의 주관적 시선을 담고 있다. 균형 잡힌 문학 공부를 위해서는 문학과 시대, 모두 파악해야 한다.

최근 읽었던 소설 중 최은미 소설가의 《여기 우리 마주》라는 작품은 벌써 코로나19 팬데믹을 배경으로 하고 있다. 이처럼 우리를 괴롭히던 코로나도 언젠가 역사가 되고 문학 속 작품의 배경으로 기억될 것이다.

갈래의 특성을 구별하자

갈래의 4분법 체계

[국어 1 문학 영역] **(14) 문학 갈래의 개념을 알고, 각 갈래의 특징을 이해한다.**

• 문학 갈래는 관념적 갈래인 서정, 서사, 극, 교술의 4분법 체계와 우리 문학에 나타난 역사적 갈래들을 포함한 갈래 체계를 말한다. 서정, 서사, 극, 교술 갈래의 주요 특징을 알고, 대표적인 작품을 통하여 각 갈래의 내용과 형식상의 특징을 이해하게 한다.

〈2015 고등학교 국어과 교육과정 성취기준〉

[10공국1-05-02] **갈래에 따른 형상화 방법의 특성을 고려하며 작품을 수용한다.**

- 문학의 갈래에 대한 학습은 초등학교 성취기준([6국05-05])에서 간단히 다루고, '공통국어1'을 거쳐 선택과목 '문학'([12문학01-02])에서 종합적으로 다루게 되는, 문학 영역의 대표적인 반복·심화 학습 내용 중 하나이다. '공통국어1'에서는 서정, 서사, 극, 교술 갈래별로 나타나는 특성이 작품의 주제를 효과적으로 전달하거나 작품에서 아름다움을 느끼게 하는 데에 어떻게 작용하는지 살피면서 작품을 수용하도록 한다.

[12문학01-02] **문학의 여러 갈래들의 특성과 문학의 맥락에 대해 이해한다.**

- 이 성취기준은 문학의 갈래와 맥락에 대한 심화된 이해를 바탕으로 문학 문화를 향유하는 능력을 기르기 위해 설정하였다. 문학 작품은 문학의 갈래와 맥락의 영향을 받으며 형상화되고 이해된다. 문학의 갈래에 따라 세계를 인식하고 형상화하는 원리와 그 특성을 탐구하는 한편, 문학의 주요 맥락인 작가 맥락, 독자 맥락, 사회·문화적 맥락, 문학사적 맥락 등을 종합적으로 고려하며 작품을 수용하고 생산하는 데 학습의 초점을 맞춘다.

〈2022 고등학교 국어과 교육과정 성취기준〉

한국문학의 갈래를 나누는 것에는 여러 논의가 있지만 교육과정에서는 《한국문학통사》를 집필하신 조동일 교수님 관점처럼 서정, 서사, 극, 교술로 문학을 구분하고 있다. '서정'이라는 말을 뒤집어 보면 '정서'다. 서정은 자신의 감정이나 정서를 운율이 있는 언어에 담아 표현하는 것으로, 시를 생각하면 된다. '서사'는 사건을 이야기 형식으로 전개하는 것으로 소설에 해당한다. '극'은 무대 상연을 전제로 하여 등장인물의 대사와 행동으로 이야기를 보여 주는 것으로 연극의 대본인 희곡을 생각하면 된다. 마지막으로 '교술'은 글쓴이의 경험이나 성찰한 내용을 바탕으로 감동이나 교훈을 전달하는 작품이다. 다른 문학 갈래에 비해 글 형식이 자유롭다. 또한 자기 고백적인 문학이므로 글쓴이의 개성이 잘 드러난다.

서정, 서사, 극, 교술이라는 어려운 단어는 몰라도 괜찮다. 대신 시, 소설, 희곡, 수필 등 각 갈래를 대표하는 문학 작품의 특성을 기억해야 한다. 이 특성은 형식적인 면과 관련이 있어서 주로 '표현상의 특징'이나 '서술상의 특징'을 묻는 문제로 출제된다. 수능에서 지문당 1문제는 꼭 이 유형을 포함하고 있으니 잘 기억해 두기 바란다.

- [A]의 서술상 특징에 대한 설명으로 가장 적절한 것은?

  (2024년 대학수학능력시험 출제)

- [A]~[E]의 서술 방식에 대한 설명으로 적절하지 않은 것은?

  (2023년 대학수학능력시험 출제)

- [A]의 서술상 특징으로 가장 적절한 것은?

  (2022년 대학수학능력시험 출제)

- [A]와 [B]의 서술상 특징에 대한 설명으로 가장 적절한 것은?

  (2021년 대학수학능력시험 출제)

시를 알려면 '화·상·정·도'를 기억하라!

학생들이 가장 어려워하는 문학 갈래 1위는 시다. 사실 국어를 가르치는 사람에게도 시는 매우 난해하다. 독자가 느끼는 것, 생각하는 것이 맞는 것인데 수학처럼 분석하듯 하나의 정답을 고르게 해야 한다는 점에서 때로는 자괴감이 느껴지기도 한다. 하지만 우리는 학교 교육을 통해 시, 소설을 배우고 시험을 친다. 가르치는 사람은 보편적으로 시를 읽어 내는 법을 알려 줄 수밖에 없다. 개인적으로는 시와 소설 같은 문학을 시험 범주에 넣어서 객관식으로 평가하는 것은 바람직한 문학 교육법이라고 생각하지 않지만, 현실에 대응해 나가야 하는 독자들을 위해 비법을 전수하려 한다.

"선생님 도대체 시를 어떻게 공부해야 할지 모르겠어요. 무슨 내용인지 잘 모르겠어요."

"시를 알고 싶으면 화·상·정·도를 기억하렴."

"화·상·정·도가 뭐예요?"

"시를 읽으면 마음이 뜨거워지지? 그럼 감동해서 우리 마음에 화상을 입는 거야. 그때 마음의 화·상·정·도를 기억해야 해!"

시를 안 좋아하고 거부하는 친구들에게 조금이라도 시를 느끼게 하고 싶은 선생의 마음 때문에 '시=화·상·정·도'라는 공식이 탄생했다. 여기에서 말하는 화·상·정·도는 다음 단어들의 앞글자를 모은 단어다.

화자: 시에서 말하는 사람

  예) 여성적 화자, 남성적 화자, 어린 화자 등

상황: 시적 화자나 대상을 둘러싼 환경, 형편, 분위기

  예) 이별, 만남, 재회, 전쟁, 근대화, 사랑 등

정서: 시에 나타난 주된 감정

예) 기쁨, 슬픔, 분노, 절망, 한, 비관, 환희 등

태도: 화자가 상황에 대응하는 방법

예) 자연 친화, 비판적, 예찬적, 의지적, 달관적, 체념적 등

보통 화자와 시인이 동일 인물이라고 생각한다. 그런데 화자와 시인은 같은 인물이 아니다. 화자는 문학에서 작가가 말하고자 하는 바를 설정한 대리인이다. 요즘 말로는 '아바타'라는 표현이 적합하다. 그러므로 화자는 작가와 성별, 나이가 같을 필요가 없다. 이를 대표적으로 보여 주는 시인이 김소월이다. 김소월이라는 예쁜 예명과 달리 그는 김정식이라는 본명을 지닌 성인 남자다. 하지만 그가 쓴 시에는 전혀 다른 자아의 목소리가 드러난다.

엄마야 누나야

김소월

엄마야 누나야 강변 살자
뜰에는 반짝이는 금모래 빛
뒷문 밖에는 갈잎의 노래
엄마야 누나야 강변 살자

'엄마야' '누나야' 하고 부르는 호칭에서 어린아이의 목소리가 들린다. 화자가 시인 그 자체였다면 성인 남자가 부르는 '어머님', '누님'이라는 호칭이 들어갔을 것이다. 화자를 알아야 시에서 다루고 있는 '시적 대상'도 보이고, 화자의 말투인 '어조'도 알 수 있다.

시인의 대리인인 화자를 찾은 후에는 그가 처해 있는 배경을 살펴보며 상황을 짐작해 본다. 여기서는 시적 상황 속에서 화자가 어떤 감정을 느끼는지가 매우 중요하다. 그가 느끼는 감정이 긍정인지 부정인지 O, X로 표시해 두자. 이 작은 표시가 시를 파악하는 데 큰 도움이 된다.

마지막으로 화자의 태도를 살펴봐야 한다. 태도는 '어조'와도 밀접하게 관련 있다. 어조는 앞서 말한 말투로 형용사나 동사 뒤에 나오는 '어미'와 관련이 높다. '~하리라'와 같은 말투에서는 대체로 강한 의지가 느껴진다. '행복하소서'와 같은 시어에서는 행복을 비는 듯한 기원적인 태도가 드러난다.

이런 순서로 시를 살펴보면 처음 본 시도 읽어 낼 수 있다. 비유, 상징, 운율, 심상은 추가로 알면 더 도움이 되는 요소다. 화자, 상황, 정서, 태도를 먼저 파악하면 시를 이해하고 충분히 감상할 수 있다.

소설은 현실의 거울

실제 같지만 '허구성'을 띤 서사문학 소설은 우리의 삶과 매우 닮았다. 소설은 현실을 기초로 하여 만들어진 가상 이야기다. 따라서 소설의 사건은 얼마든지 일어날 법한 일이다. 이러한 소설의 특징을 '개연성'이라고 한다. 소설은 가짜이면서도 진짜가 될 수 있고, 시대가 반영된 진짜이면서도 가짜인 문학이다.

이런 소설을 읽을 때는 소설을 이루는 3가지 요소에 주목해야 한다. 흔히 소설의 3요소라고 하는 주제, 구성, 문체다. 주제란 소설에서 말하고자 하는 바를 의미한다. 구성은 영어로는 플롯(plot)이라고 하며, 소설에서 이야기의 전개나 사건들끼리의 관련성 등을 염두에 두고 여러 요소를 밀접하게 연결시켜 짜임새 있게 꾸며 내는 것을 말한다. 마지막으로 문체란 작가의 독특한 말투를 의미한다. 어떤 작가는 문장을 아주 길게 써서 '만연체'를 구사하기도 하고, 또 다른 작가는 문장을 짧게 써서 '간결체'를 구사한다.

이 셋 중 가장 중요한 것은 구성이다. 소설에서 구성이 제대로 되어 있지 못하면 이야기를 전개할 힘을 갖추지 못하게 된다. 소설 구성의 3요소는 인물, 사건, 배경이다. 이 중에서 가장 핵심이 되는 것은 역시 인물이다. 인물이 있어야 사건이 진행될 수 있고 이야기가 전개될 수 있다. 사건은 다른 말로 '갈등(葛藤)'이다. 갈

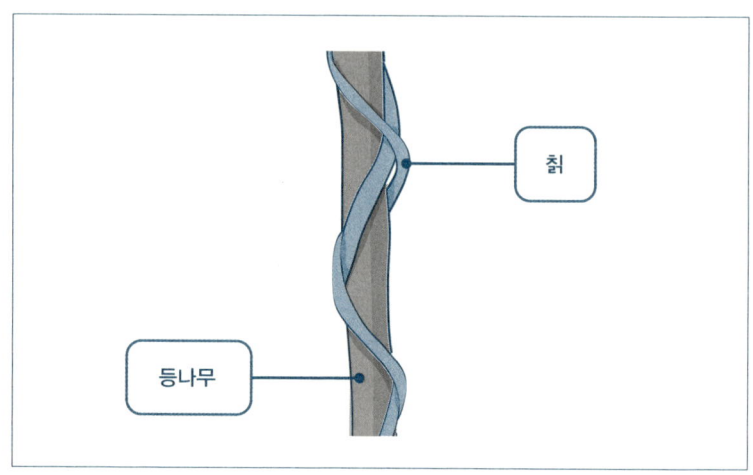

갈등의 어원

등(葛藤)이란 칡나무의 갈(葛)과 등나무의 등(藤)을 결합한 것으로, 두 덩굴 식물이 서로 반대 방향으로 감고 자라는 습성 때문에 서로 대립하고 충돌하는 것을 의미하게 되었다. 소설은 갈등이 어떻게 발생하고 해결되는지를 다루는 문학 작품으로 흔히 '갈등의 문학'이라고 부른다. 갈등은 인물 내부에서 발생할 수도 있고, 인물-인물, 인물-사회, 인물-자연 간에 발생할 수도 있다. 이러한 사건도 환경에 영향을 받는데 이를 배경이라 한다. 배경은 소설의 이야기에 직접적으로 영향을 끼치는 경우는 적지만 소설의 분위기를 형상화하는 데 기여한다. 현진건의 《운수 좋은 날》의 우울한 분위기는 추적추적 내리는 비가 배경으로 형상화되었기 때문에 가능했다.

가장 날카로운 문학, 수필

수필은 있는 그대로를 쓴 글이다. 영어로는 에세이라고 한다. 만약 여러분이 매일 일기를 쓰고 있다면 이미 수필가이며 에세이스트다. 수필은 쉽게 쓸 수 있는 장르로 여겨지지만 의외로 쓰기 어렵다. 일상적인 일에서 특별한 것을 발견하는 관찰력을 통해 누구나 공감할 수 있도록 솔직한 내면을 드러내야 한다. 소설가 박완서는 한국전쟁을 배경으로 한 자전적 소설을 많이 창작한 작가로 유명하지만, 나는 그녀의 수필을 더 좋아한다. 박완서의 소설에는 전쟁으로 해체된 가족 공동체의 비애가 담겨 있지만, 그녀의 수필에는 소박하고 정갈한 성품이 담겨 있다. 시간이 된다면 '트럭 아저씨'라는 수필을 꼭 한번 찾아 읽기를 바란다.

이런 설명만으로 수필이 무엇인지 잘 모르겠다는 생각이 든다면 피천득의 《인연》이라는 수필집을 추천한다. 수필가 피천득의 작품은 한국을 대표하는 수필이다. 벌써 교과서에서 여러 번 봤을 수도 있다. 단편으로 된 수필 한 편을 읽는 것도 좋지만, 수필집 한 권을 통으로 읽으면 수필이 얼마나 따스하며 여운이 남는 글인지 직접 느낄 수 있다. 자유로운 형식의 글인 수필을 읽으면 영혼까지 맑아지는 느낌을 얻을 수 있다.

연극과 영화의 어머니, 희곡과 시나리오

희곡은 연극의 대본이다. 간혹 희극과 희곡을 헷갈리는 경우가 있다. 희극은 비극의 상반된 개념으로 명랑하고 즐거운 극이라고 기억해야 한다. 요즘은 영상 시대다 보니 연극의 대본인 희곡보다 영화의 대본인 시나리오가 시험에 자주 출제되는 경향이 있다.

두 개의 차이는 연극과 영화를 비교하면 된다. 연극은 시공간의 제약이 있다. 전쟁 장면을 표현한다고 무대에 100명이 올라갈 수는 없다. 몇 명의 배우만 무대에서 연기해도 우리는 대사를 통해 수십만 명이 전쟁을 치르고 있다고 생각해야 한다. 이것은 관객과 배우 사이의 암묵적인 약속이다. 반면 영화에서는 시공간의 문제를 CG(Computer Graphic: 컴퓨터 그래픽)를 통해 해결할 수 있다. 따라서 연극과 비교하면 영화는 표현할 수 있는 범위가 더 넓다.

희곡과 시나리오는 번갈아 가면서 수능 시험에 출제되는데 이 둘을 간단하게 비교하는 방법은 'S#'의 여부다. 'S#'이 있으면 시나리오라고 보면 된다. S는 Scene, 즉 장면을 나타내는 약자다. 이외 대표적으로 알아야 할 시나리오 용어들도 기억해 두자. 내신 시험이나 수능에서 활용도가 높다.

용어	의미
S# (Scene Number)	장면번호.
NAR.(Narration)	장면에 나타나지 않으면서 진행에 따라 그 내용이나 줄거리를 장면 밖에서 해설하는 것.
Montage	몽타주. 따로따로 촬영한 화면을 떼어 붙여 편집하는 것.
F.I.(Fade In)	화면이 차차 밝아짐.
F.O.(Fade Out)	화면이 차차 어두워짐.
O.L.(Over Lap)	앞 화면에 뒤의 화면이 포개어지는 기법.
C.U.(Close Up)	어떤 대상이나 인물이 두드러지게 화면에 확대되는 것.
PAN.(Panning)	카메라를 상하좌우로 이동하는 것.
L.S.(Long Shot)	먼 거리에서 찍음. 원경.
F.S.(Full Scene)	전체의 장면을 화면 위에 다 나타냄.
D.E.(Double Exposure)	두 화면이 포개어지는 것(심리 묘사나 회상 등에 쓰임). 이중 노출.
Ins.(Insert)	일련의 화면에 신문이나 편지 따위의 화면이 끼이는 것.
Monologue	독백.
M.(Music)	효과 음악.

E.(Effect)	효과음. 주로 화면 밖에서의 음향이나 대사에 의한 효과를 말함.
N.G.(No Good)	촬영 때 잘못되어 못 쓰게 된 필름을 가리킴.

〈출처: [네이버 지식백과] 시나리오 (중학생이 즐겨 찾는 국어 개념 교과서, 2011. 8. 10., 이서영, 강승임)〉

국어도
암기가 필요하다

흔히 국어는 감으로 푸는 과목이라고 생각한다. 하지만 그 '감' 이라는 것도 어느 정도 기초가 있어야 발현되기 마련이다. 앞서 1 부에서 고등학교 국어가 중학교 국어보다 어려워지는 이유는 한 자 기반 어휘가 많아지기 때문이라고 밝혔다. 이는 한자 어휘가 노골적으로 드러나는 고전 시가 등에서만 문제가 되는 것은 아니 다. 오히려 현대어가 가득한 비문학 글을 읽을 때 더욱 문제가 된 다. 어려운 개념어나 전문어는 대부분 한자어로 되어 있어서 그 개념을 받아들이고 글을 이해하기가 쉽지 않다. 물론 일상생활에 서도 한자어를 모르면 의사소통에 지장이 생기기도 한다.

한 선생님께서 프로젝트 수업을 진행하며 똑똑하게 문제를 해 결하는 학생을 보고 칭찬을 했다.

"너 참 이지적(理智的)이구나."

그 말을 들은 학생은 이렇게 대꾸했다.

"선생님, 저 그렇게 쉬운 사람 아니거든요!"

교사는 학생의 그 앙칼진 대답에 그만 충격을 받고 말았다. 학생은 이성적이고 지적이다라는 의미의 '이지(理智)'를 생각하지 못하고, 발음이 동일한 이지(easy)만 알고 있었던 것이다. 국어에도 발음은 같지만 뜻이 다른 단어인 동음이의어(同音異議語)가 존재하여 간혹 대화에 혼란을 주는 일이 있다. 하지만 이러한 동음이의어는 대부분 맥락을 읽음으로써 충분히 해결할 수 있는데, 한자 어휘 자체를 몰랐기 때문에 '칭찬'해 주는 말임을 인식하지 못하고 의사소통에 장애가 발생한 것이다. 교사들에게 익숙한 이지적이라는 단어는 학생에게는 생소한 어휘였고, 생뚱맞게 자신이 알고 있는 영어 단어 easy를 떠올리며 화를 낸 것이다.

한자어를 알아야 문제를 풀 수 있다

다음 글의 내용과 부합하지 <u>않는</u> 것은?

이 문제를 풀기 위해서는 '부합'이라는 단어를 정확하게 이해해야 한다. '부합'의 부를 부(附)가 아닌 부(不)로 해석하는 순간 문제가 꼬인다. 부합(附合)은 '서로 맞대어 붙임'이라는 뜻으로 '일치하는 것'으로 해석해야 한다. 즉 문제 전체는 일치하지 않는 선택지를 찾는 것이다. 부합을 '합하지 않는 것'으로 해석하고, 부정과 부정이 더해진 긍정으로 파악하면 완전히 거꾸로 문제를 풀게 된다. 한자어를 제대로 파악하지 않으면 낭패를 볼 수 있다. 다음 문제도 한번 살펴보자.

화자가 지향하는 것이 아닌 것은?

비슷해 보이지만 다른 뜻을 지닌 단어도 있다. 바로 '지양'과 '지향'이다. 두 단어는 비슷해 보이지만 뜻은 완전히 반대다. '지향'을 '지양'의 의미로 해석하면 문제 해석의 오류가 발생한다. 지향은 무엇인가를 추구하다는 의미이며, 지양은 그것을 오히려 피하고 하지 않는다는 의미다.

> Q: 안녕하세요. 지양하다와 지향하다의 뜻 차이를 알고 싶어요. "우리는 평등사회를 지향한다/지양한다" 뭐가 맞는 거예요? 빠른 답변 부탁드릴게요.

A: 안녕하십니까? '지양(止揚)'은 '더 높은 단계로 오르기 위하여 어떠한 것을 하지 아니함'을 의미하는 말입니다. 이 말은 '피함', '하지 않음' 으로 순화되었으므로 될 수 있으면 순화된 말로 쓰는 것이 좋습니다. '지향(志向)'은 '어떤 목표로 뜻이 쏠리어 향함, 또는 그 방향이나 그쪽 으로 쏠리는 의지'를 뜻하는 말입니다. 따라서 문의하신 문장에 알맞 은 단어는 각 단어의 의미를 근거로 판단해 보면 되는데, 위의 내용 을 참고로 해 보면 "우리는 평등사회를 지향한다."가 자연스러운 문 장일 것입니다.

〈출처: 국립국어원 온라인 가나다〉

이야기를 통해 고사성어나 관용표현을 기억하자

한자뿐만 아니라 고사성어나 관용어도 기억해야 한다. 말도 잘 하고 리더십 있는 제자가 기특해 '청출어람(靑出於藍)'이라고 칭찬 한 적이 있다. 청출어람이란 '쪽빛에서 나왔지만 더 푸르다'는 뜻 으로, 교사보다 제자가 더 뛰어날 때 쓰는 표현이다. 엄청 기뻐할 거라고 생각했는데 어찌된 영문인지 멀뚱거렸다. 청출어람이라 는 사자성어를 아예 몰랐던 것이다. 내 제자뿐만 아니라 대부분의 청소년들이 고사성어나 관용표현에 취약하다. 10대끼리는 많이 사용하지 않지만 성인이 되면 고사성어나 관용표현을 여러 상황 에서 많이 쓰므로 익혀 두어야 한다.

관용표현이란 우리가 관습적으로 사용했던 문구로 관용어, 명

국어 탄탄 공부법

언, 속담 등이 해당된다. 관용어는 두 가지 단어가 결합하여 새로운 의미를 지니는 단어를 말한다. 명언은 유명인이 한 말, 속담은 선조들의 지혜가 담긴 말이라고 정의할 수 있다. 예를 들어 '미역국을 먹다.'라는 말은 있는 그대로 미역국을 먹는 것만을 의미하지 않는다. 시험에서 '미역국을 먹다.'는 시험에 떨어졌다, 낙방했다는 뜻의 관용어다. 이를 이해하지 못하면 의사소통이 제대로 이루어지지 않는다.

특히 속담이나 고사성어에는 옛날 성인들의 특별한 이야기가 담겨 있다. 이들을 익힘으로써 삶의 교훈과 지혜를 얻을 수 있으니 일거양득이다. 한자, 관용표현, 고사성어를 공부해 두면 훨씬 더 풍부한 의사소통이 가능하고, 교양 있는 국어 생활을 할 수 있다.

> 옛날 중국 국경 지방에 한 노인이 살고 있었습니다. 그러던 어느 날 노인이 기르던 말이 국경을 넘어 오랑캐 땅으로 도망쳤습니다. 이에 이웃 주민들이 위로의 말을 전하자 노인은 "이 일이 복이 될지 누가 압니까?" 하며 태연자약(泰然自若)했습니다. 그로부터 몇 달이 지난 어느 날, 도망쳤던 말이 암말 한 필과 함께 돌아왔습니다. 주민들은 "노인께서 말씀하신 그대로입니다." 하며 축하하였습니다. 그러나 노인은 "이게 화가 될지 누가 압니까?" 하며 기쁜 내색을 하지 않았습니다. 며칠 후 노인의 아들이 그 말을 타다가 낙마하여 그만 다리가 부러지고 말았습니다. 이에 마

을 사람들이 다시 위로를 하자 노인은 역시 "이게 복이 될지도 모르는 일이오." 하며 표정을 바꾸지 않았습니다. 그로부터 얼마 지나지 않아 북방 오랑캐가 침략해 왔습니다. 나라에서는 징집령을 내려 젊은이들이 모두 전장에 나가야 했습니다. 그러나 노인의 아들은 다리가 부러진 까닭에 전장에 나가지 않아도 되었습니다.

〈출처: 네이버 지식백과〉

인생사 '새옹지마(塞翁之馬)'라는 말을 있는 그대로 풀이하면 변방 새, 늙은이 옹, 말 마, 즉 '변방 늙은이의 말'이라는 뜻이다. 고사성어 자체로는 의미를 파악하기 어려울 수 있지만 고사성어의 유래를 알면 인생의 행복과 불행, 즉 '길흉화복은 알 수 없다.'는 뜻을 도출할 수 있다.

고사성어를 익히면서 한자를 공부해도 좋다. 영어 공부의 첫걸음이 단어 암기에서 시작하는 것처럼 국어 공부도 암기가 필요하다. 풍부하게 표현할 수 있는 어휘력을 쌓으면 의사소통에 도움이 됨은 물론 교양도 갖출 수 있다. 한자, 고사성어, 관용어 등을 차근차근 익혀 두자. 어휘를 익히는 것은 국어 공부의 시작이며 끝이다. 어휘가 얼마나 풍부하느냐가 점수 차이를 가를 것이다.

매체도 국어의 일부다

같은 내용도 매체에 따라 달라진다

전 세계에서 가장 많이 팔린 책은 《성경》이며, 그다음은 《해리포터》다. 《해리포터》가 처음 영화화되었을 때 많은 독자는 영화를 비난했다. 그들이 상상한 소설 속 인물이나 공간들을 영화가 다 담아내지 못했기 때문이다. CG를 엄청나게 잘 쓴 영화도 소설에 비하면 재미가 없다.

소설은 독자가 머릿속으로 그 세계를 다시 한번 창조할 수 있기에 인물이나 공간에 대한 형상화가 자유롭고 상상력 또한 무한으로 발휘된다. 따라서 원작 소설이 영화화된 작품은 되도록 소설을 먼저 읽고 영화를 보는 것을 추천한다. 물론 반대로 접근해도 나름 얻을 수 있는 소득은 있지만, 작품을 접하는 재미가 반감될 수 있다.

수능에서는 매체에 대한 이해를 직접 평가할 수 없으므로 같은 내용을 어떻게 다르게 표현하느냐에 대한 문제로 이를 평가하기도 한다. 똑같은 작품이라고 할지라도 매체가 되면 다르게 느껴진다. 이는 작품의 내용이 매체 특성과 결합하기 때문이다. 예를 들어 '82년생 김지영'이라는 작품을 소설로 읽을 때와 영화로 볼 때는 다르다.

수능 지문에서는 영화로 볼 수는 없으니 희곡이나 시나리오로 바뀌었을 때 어떤 차이점이 있는지 파악하라는 문제로 출제된다. 소설이 영화가 되면서 바뀐 게 무엇인지, 반대로 시나리오를 소설로 바꾸었을 때 어떤 차이점이 있는지 묻는다.

2013년 7월 고3 학력평가에 노희경 작가의 《세상에서 가장 아름다운 이별》이 출제되었는데 그때도 '보기'에 해당하는 소설 부분을 시나리오로 바꿨을 때 고려했을 내용으로 가장 적절한 것을 물었다. 문제 출제 의도는 소설에서 시나리오로 매체가 바뀌었을 때 달라지는 효과를 묻고자 한 것이었는데 의외로 뜻하지 않는 부작용이 발생했다. 한 가정의 엄마가 죽는 장면을 상세히 묘사한 시나리오를 읽고 많은 학생들이 눈물을 흘리느라 문제를 풀지 못했다는 것이다. 당시에는 포털사이트에 실시간 검색어가 있었는데 몇 시간 동안 실시간 검색어에 '고3 7월 학력평가', '세상에서 가장 아름다운 이별' 등이 올라올 정도로 반응이 뜨거웠다. 당시에 내가 가르쳤던 학생은 부모님 말씀을 너무 안 듣는 녀석이었는데 그런 녀석도 지문을 읽고 우느라 시험을 제대로 보지 못했다고 한다. 모의고사였기에 망정이지 실제 수능이었다면 나라가 뒤집혔을 일이다. 그 뒤로는 학생들의 감정을 너무 자극하는 지문은 출제하지 않기로 합의를 거쳤다고 들었다. 이러한 상황이 발생했던 이유도 근본적으로는 소설을 영화의 대본인 시나리오로 각색했을 때 생생하고 상세한 장면 묘사 등이 추가되기 때문이라고 볼 수 있다.

같은 내용이라도 어떤 매체로 표현하느냐에 따라 달라진다. 때문에 요즘에는 기존의 문해력에 더해 '디지털 리터러시(digital literacy)'라는 개념을 강조하고 있다. 디지털 리터러시 또는 디지털 문해력은 다양한 미디어를 접하면서 명확한 정보를 찾고, 평가하고, 조합하는 개인의 능력을 뜻한다.* 전통적인 문해력이 글자를 읽고 쓰는 능력을 가리켰다면, 오늘날에는 읽고 쓰는 것에서 확장되어 다양한 디지털 플랫폼에 접근하여 지식과 정보를 평가, 분석, 소통하여 개인과 사회의 문제를 해결하는 능력이라는 의미가 있다.

디지털 리터러시의 큰 특징 가운데 하나는 복합양식성이다. 디

---

* 교육부 공식 블로그, https://if-blog.tistory.com/13288 참조.

지털 플랫폼은 이전의 미디어들과 달리 글자, 시각 자료, 동영상 등을 하나의 페이지에서 복합적으로 구성할 수 있다. 쉽게 말해서 디지털 플랫폼에 대한 이해를 바탕으로 디지털 콘텐츠를 수용하고 생산할 수 있어야 한다. 이를 위해서는 디지털 매체에 대한 이해 및 활용 능력, 창의성, 비판적 사고, 사회문화적 이해, 협력, 효율적 소통, 정보 검색 선택 능력 등을 갖추어야 한다.

[9국06-01] 대중매체와 개인 인터넷 방송의 특성과 영향력을 비교한다.
[9국06-02] 소통 맥락과 수용자 참여 양상을 고려하여 상호 작용적 매체를 분석한다.

• 이 성취기준은 상호 작용적 매체의 특성을 이해하고 상황 맥락과 사회·문화적 맥락에 맞게 소통하는 능력을 기르기 위해 설정하였다. 예를 들어 사회 관계망 서비스(SNS)는 생각, 의견, 관점 등을 비교적 자유롭게 공유할 수 있는 개방적인 공간이며, 학교나 학급의 누리집은 공적인 정보를 공유하는 데 초점을 둔 공간이다. 이처럼 소통 목적, 소통 공간의 특성에 따라 참여자들이 소통하는 방식이 어떻게 달라지는지 다양한 각도에서 분석해 보고 자신의 소통 방식의 적절성에 대해서도 점검해 보도록 한다.

[9국06-03] 복합양식성을 고려하여 영상 매체 자료를 제작하고 공유한다.
[9국06-04] 매체 소통에서의 권리와 책임을 이해하고, 수용자의 반응을

고려하며 매체 자료의 제작 과정을 성찰한다.

[9국06-05] **매체 자료의 재현 방식을 이해하고 광고나 홍보물을 분석한다.**

• 이 성취기준은 매체 텍스트가 현실을 재현하는 방식을 이해하는 능력을 기르기 위해 설정하였다. 매체 자료는 제작자의 의도와 관점이 반영된 재현물이라는 것에 대한 이해를 바탕으로 다양한 광고나 홍보물을 살펴보며 사건, 쟁점, 인물 등을 표현하기 위해 어떤 문구나 이미지가 선택되거나 배제되었는지를 탐구하고, 사회상이나 특정 집단에 대해 어떤 고정 관념이 반영되어 있는지 분석하도록 한다.

[9국06-06] **사회·문화적 맥락을 고려하여 매체 자료의 공정성을 평가한다.**

• 이 성취기준은 매체 자료를 공정성의 측면에서 비판적으로 이해하는 능력을 기르기 위해 설정하였다. 타당하고 신뢰성 있는 정보라 하더라도 그것이 의도에 따라 과도하게 반복, 과장, 축소되어 전달되는 경우에는 공정한 매체 자료라고 보기 어렵다. 특정 사건이나 쟁점을 다루는 매체 자료를 비교하고, 그 매체 자료가 제작된 사회·문화적 맥락이 어떠한지 파악한다. 그리고 매체 자료가 특정 제품이나 업체를 홍보하고 있지는 않은지, 다양한 주장을 전달하지 않고 특정 입장을 지닌 주장을 전달하면서 한쪽으로 치우쳐 있지는 않은지, 피상적인 사실 전달에 그쳐 특정한 쟁점이나 사건에 대한 진실을 간과하거나 호도하고 있지는 않은지 등을 점검한다.

〈2022 고등학교 국어과 교육과정 성취기준〉

2022 국어과 교육과정에서도 매체의 중요성을 많이 강조하고 있다. 매체를 통해 올바로 소통하는 것에 대한 중요성, 그리고 매체를 적절하게 활용하는 능력, 비판적이고 창의적인 표현력 등을 국어에서 학습해야 한다는 것을 보여 주는 것이다. 나아가 저작권이나 초상권 등을 침해하지 않아야 하는 윤리의식까지도 함양하기를 권한다. 어려운 영역은 아니지만 지필 평가 외에도 수행 평가 등에서 평가되므로 매체의 특성, 매체를 활용할 때 주의점 등을 잘 파악하고 적절하게 매체를 활용할 수 있어야 한다. 특히 양질의 콘텐츠를 보고 생산하는 능력이 여러분의 창의성, 비판적 사고, 의사소통 능력, 공동체 역량, 문제해결력, 자기 관리 역량을 보여 주는 지표가 될 것이다. 매체에 대한 이해를 바탕으로 디지털 문해력을 길러 4차 산업 시대를 선도하는 사람으로 거듭나기를 바란다.

국어 탄탄 공부법

Q. 화법과 작문 vs. 언어와 매체 중 어떤 것을 선택해야 할까?

2021년도부터는 수능 국어 시험에도 선택과목이 도입되었다. 학생들은 선택과목을 '화법과 작문'으로 할 것인가 '언어와 매체'로 할 것인가를 놓고 고민이 많다. '언어와 매체'로 선택한 경우 어려움을 겪는 부분은 '매체'가 아니다. 매체는 좋든 싫든 실생활과 밀접하게 연결되어 있고 어렵지 않게 배울 수 있다. 언어와 매체를 선택할 때 가장 중요한 것은 언어에 해당하는 문법을 극복할 수 있는지의 여부다. 고등학교에 진학한 아이들이 이 부분에 대해 정말 많이 고민하고 질문하는데 해 줄 수 있는 조언은 하나다.

"문법 공부에 시간 투자를 할 자신이 있고 문법 공부가 할 만하다고 생각하면 선택하라!"

언어와 매체 영역은 표준점수를 잘 받을 수는 있겠지만 공부하기가 만만하지 않다. 그리고 주로 상위권 아이들이 선택하기 때문에 점수가 나오지 않을 가능성도 있다. 매체가 쉽고 재미있다는 이유로 언어와 매체를 선택하기보다는 문법을 공부할 자신이 있는지를 파악하고 '언어와 매체'를 선택해야 한다. 하지만 앞서 말한 것처럼 2028 수능부터는 선택과목 없이 공통과목으로만 치러지므로, 자신이 수능을 치는 시기가 언제인지를 유념하며 공부하자.

3부

인생을 바꾸는
하루 10분 국어 습관

하루 10분,
문제 풀이의 힘

영어와 수학은 대부분 문제 풀이 중심의 공부를 한다. 그러나 국어는 무조건 읽기만 하면 점수를 잘 받을 수 있을 것이라는 선입견 때문에 문제 풀이를 소홀히 한다. 하지만 국어에서도 문제 푸는 연습은 매우 중요하다.

시험 전에 문제 풀이를 통해 아는 것과 모르는 것을 구별하고, 매력적인 오답과 정답을 변별하는 연습을 해야 시험에서 정답을 고를 수 있다. 밤을 새우면서 벼락치기를 했는데 다음 날 시험 볼 때 백지처럼 아무것도 생각나지 않는 이유는 아는 지식을 꺼내는 '출력'이 연습되지 않았기 때문이다. 이럴 때 머리를 책상에 꽝꽝 찧고 싶은 마음이 든다. 공부를 다 해 놓고 생각이 안 나서 속이 터지는 상황에 처하지 않으려면 평소에 문제 풀이를 통해 공부한 것을 확인하는 습관을 들여야 한다.

시험과 같이 긴장되고 경직된 상황에서 공부한 것을 즉시 인출하려면 평소 쪽지시험처럼 문제를 풀면서 외웠던 내용과 학습했던 정보를 자주 꺼내야 한다. 즉 시험과 유사한 문제 풀이 경험을 통해서 지식을 정교화하고 문제해결력을 높여야 한다. 국어 시험을 잘 보기 위해서는 문제에서 요구하는 바를 잘 이해하고, 오답이 아닌 것을 지워 가는 것이 중요하다.

정답을 선택하지 말고 오답을 지울 것

상위권 학생 중 일부는 의외로 국어 시험을 매우 힘들어한다. 때때로 국어 시험에서 정답이 명쾌하지 않게 도출되는 경우가 있다. 이런 경우 가까스로 정답을 맞히고 나서도 시원함보다는 '아, 다행이다. 다른 거 고르려고 했었는데…….' 하는 안도감이 먼저 든다.

국어 시험은 '가장'이라는 말이 없어도 '가장'을 항상 염두에 두면서 문제를 풀어야 한다. 실제로 문제에는 '적절한 것'이라고 적혀 있지만 단순히 적절해 보이는 걸 덜컥 고르면 오답이 될 가능성이 크다. 출제자는 반드시 매력적인 오답을 끼워 놓기 때문이다. 그래서 '적절한 것/옳은 것/알맞은 것'이라는 문제가 있을 때도 항상 '가장'이라는 말을 넣어서 생각하면 정답을 맞힐 확률이

국어 탄탄 공부법

높아진다. 출제 의도와 제일 먼 것 같은 오답을 순서대로 지우면 '가장' 적절한 것이 남는다. 정답을 선택하는 대신 오답을 지워 가는 훈련을 한다면 국어 성적은 점점 향상될 것이다.

정답지를 가까이하라

학생 중에서 문제는 본인이 풀고 채점은 부모님께 맡기는 경우가 있다. 반대로 부모님 중에서 채점 시간을 아껴 주기 위해서, 혹시 자녀가 답을 베낄까 봐 등의 이유로 정답지를 주지 않는 분도 있다. 그런데 이는 효과적이지 못하다. 학습자 스스로 답지를 보고 직접 채점해야 성적이 오른다. 정답지도 의심하고 문제나 답이 잘못된 것은 없는지 내 눈으로 직접 살펴보고 따져 봐야 한다.

국어는 수학과 다르다. 수학 선생님들은 절대 답지를 보면 안 된다고 한다. 답지를 보는 순간 풀이 과정을 의도적으로 따라가려고 애쓰게 되어, 창의적인 방식으로 수학 문제를 해결하는 습관이 생기지 않기 때문이다. 하지만 국어는 다르다. 정답지 설명이 과연 타당한지 꼼꼼히 따져 보고 분석해 보는 것이 큰 공부가 된다. 때론 출판사들도 잘못된 표기를 할 때가 있고, 문제 오류로 복수 정답이 나올 때도 있다. 국어 선생님께 질문할 때도 막연하게 "선생님 이거 잘 모르겠어요. 왜 3번이 답이에요?"가 아니라, "선생님, 지문의 ○○한 부분 때문에 3번이 답이라고 생각했는데 답이

4번이래요. 이건 지문의 ㅇㅇ때문에 3번이 답이 될 수도 있지 않나요?"와 같이 지문에서 근거를 찾아서 질문해야 한다. 그래야 선생님들도 정답지를 더 비판적인 시각으로 바라보고 질문에 정확하게 답변해 줄 수 있다.

국어는 정답을 판단하는 근거가 있어야 한다. 수학처럼 답으로 가는 여정을 스스로 만드는 과목이 아니다. 왜 답이 될 수 없는지 지문에서 근거를 발견하고 설명할 수 있어야 한다. 그래야 선택지에서 매력적인 오답이 보내는 유혹의 손길을 과감하게 잘라 낼 수 있다.

90점을 넘는 내신 국어 공부법

내신 국어 시험에 대한 대비는 최소 2주 전부터 진행한다. 교과서를 몇 번 읽고 나서 기출문제나 문제은행 사이트를 통해 단원별 총정리 문제와 모교 및 인근 학교 기출문제를 풀어 보면서 대략 어떤 시험 문제가 출제될 것인지 파악해 보면 좋다.

문제를 풀면서 우리는 진정한 학습을 경험할 수 있다. 문제를 풀기 전에는 모든 것을 다 알고 있는 것만 같다. 하지만 문제를 풀면서 놓쳤던 부분이나 잘못 알고 있는 개념이 무엇인지 발견할 수 있다. 나아가 출제자의 눈을 경험할 수 있다. 공부할 때는 미처 중요하다고 인식하지 못했지만, 문제로 만들어진 것을 보고 '아, 이 부분

국어 탄탄 공부법

이 중요하구나!' 자각하고 깨달을 수 있다. 이처럼 문제 풀이는 진정한 배움의 시작이자, 학습을 완성하는 중요한 과정이다.

'내용 학습→문제 풀이→오답 풀이→정답지나 교과서 확인→기출 및 변형 문제 풀기' 이 사이클이 몸에 배면 국어 성적은 고속도로를 타고 향상될 것이다. 책꽂이에 국어 자습서와 평가 문제집이 있는가? 없다면 당장 서점으로 달려가자.

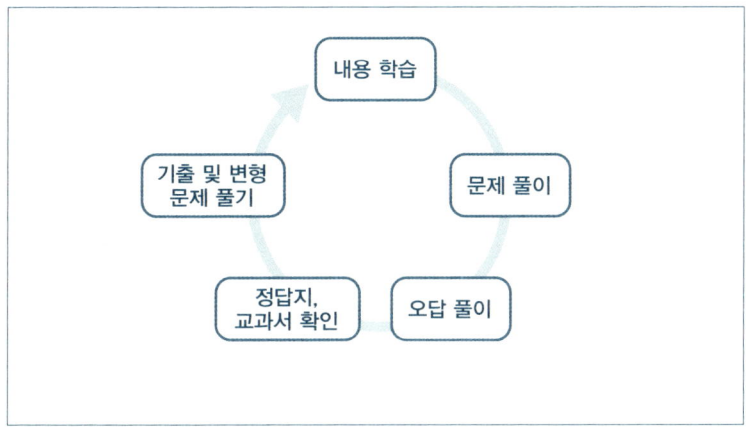

🔆 하루 10분, 국어 문제 풀이 학습법

1. 방과 후 하루 10분 문제집 풀기(주 2회/30분도 가능)

2. 시험 2주 전부터 기출문제로 대비하기

3. 정답이 틀렸을 경우, 답지가 틀린 것은 아닌지 의심해 보기

4. 기출 및 변형 문제 풀이를 통해 시험 대비하기

하루 10분,
배경지식의 힘

　국어 비문학에 등장하는 '양자역학' 지문은 국어·사회를 중점적으로 공부하는 인문계열 학생들보다 수학·과학 위주로 공부하는 자연계열 학생들이 훨씬 이해를 잘한다. 물리학을 어느 정도 이해하고 있는 사람이 양자역학에 대해 더 잘 이해하고 쉽게 문제를 풀어 낸다.

　수능이나 모의고사에 나오는 비문학은 낯설고 생소한 내용이 많다. 이를 잘 이해하기 위해서는 평소 과학이나 경제, 예술 분야에 관심을 기울이고 이를 다룬 지문을 접해 두어야 한다. 그런 경험 없이 생전 처음 보는 개념으로 가득한 지문을 읽고 문제를 풀려고 하면 많은 시간이 필요하다. 시간 부족은 결국 시험 시간 내에 문제를 다 풀지 못하는 대참사로 이어진다.

이처럼 독자가 가지고 있는 선행 지식과 경험이 독서에 영향을 미치는데 이것을 '배경지식(schema, 스키마)'이라고 한다. 독자가 어떠한 배경지식과 경험을 지니고 있느냐에 따라서 글을 이해하는 정도가 결정된다.

일단 교과서 읽기

다양한 책으로 독서를 할 수 있지만 학습 독서에 가장 기본이 되는 책은 '교과서'다. 학생들은 교과서를 우습게 생각한다. 하지만 교과서는 우리가 기본적으로 알아야 하는 학습 내용 중 중요한 것만 모은 개념서다. 재미있는 삽화도 있고, 학습 내용을 적용할 수 있는 학습 활동도 들어 있다.

수능 시험에서 만점을 받은 학생들이 교과서 중심으로 공부했다는 말은 과장이 아니다. 교과서에는 생각보다 볼 내용이 많다. 단원의 길잡이, 날개, 보충 및 심화학습 등 교육과정이 충실히 담겨 있는 교과서로 배경지식을 충분히 쌓을 수 있다. 공짜로 받는 책이라고 무시하지 말고, 먼저 교과서를 훑어보고 꼼꼼히 살펴보자. 의외로 유용한 지식을 많이 발견할 수 있다.

독서 잡지로 비문학 접근하기

독서 근육이 부족하여 완성된 단행본을 읽는 것이 부담된다면

시중에 나와 있는 〈독서평설〉과 같은 독서 잡지를 읽는 것을 추천한다. 초등부터 고등까지 연령에 맞게 구성되어 있으며, 매일 읽을거리가 수록되어 있고 생각을 할 수 있는 활동이 워크북 형태로 제시되어 있다. 글을 읽고 워크북 문제의 답을 찾는 활동을 꾸준히 하다 보면 배경지식도 함양되고 독서의 재미도 느낄 수 있다.

관련 분야 전문가와 대화 나누기

평소 비문학 지문을 어려워하던 한 학생이 '금리'에 관한 문제를 술술 풀어 의아한 적이 있었다. 어떻게 그렇게 잘 풀었냐고 물었더니 부모님이 은행원이라서 평소에 금리와 물가 상승에 관한 이야기를 많이 나누었다고 한다. 그 분야에 종사하는 전문가와 대화를 나누면 이론뿐만 아니라 실제적인 이야기를 많이 들을 수 있다.

사춘기에 접어든 학생들 입장에서는 어른과 대화하는 것이 쉽지 않을 수도 있겠지만 사회인으로 활동하고 있는 어른들과의 대화는 좋은 책을 읽는 것 이상으로 배경지식 확장에 도움이 된다. 삼촌이나 이모, 사촌 형제들도 괜찮다. 각자 분야에서 활동하며 경제생활을 하는 전문가들에게 궁금한 것을 적극적으로 묻고 답변을 경청해 보자.

 하루 10분, 배경지식의 힘

1. 교과서도 좋은 독서물이다. 날개부터 학습활동까지 꼼꼼하게 읽자.
2. 인문, 사회, 과학, 예술 등 다양한 분야를 다룬 독서 잡지로 비문학을 대비하자.
3. 특정 분야의 전문가를 만날 기회가 있다면 적극적으로 대화하자.

하루 10분,
세 줄 쓰기의 힘

"얘들아! 이번 중간고사 국어 시험에 서술형이 있다!"

교실에 일제히 "아~!" 하고 짜증 섞인 목소리가 울려 퍼진다. 한 번 고르면 빼도 박도 못하는 선택형이 아니라 허용 답안을 주는 서술형을 내겠다는데 왜 아이들은 일제히 거부하는 것일까? 실제로 서술형 문항을 출제하면 전체 평균 점수는 하락한다. 후하게 점수를 부여함에도 낮은 점수를 받는 아이들을 볼 때면 죄를 짓는 거 같아 마음이 무겁다.

서술형을 어려워하는 이유는 쓰기에 대한 부담 때문일 것이다. 말하기, 듣기, 읽기에 비해 쓰기는 복합적이고 고차원적인 행위다. 일단 서술형 발문을 읽고 문제의 요지를 파악해야 하고, 조건에 맞게 서술해야 한다. 조건이 맞지 않으면 정답으로 인정되지 않거나, 감점을 당할 수밖에 없다. 그래서 대다수는 서술형 쓰기를 두려워한다.

하지만 도망가는 대신에 쓰기를 연습해야 한다. 우리는 평생 글을 쓰며 살아간다. 일차적으로는 내신 정기고사 서술형 답안지를 써야 하고 수행 평가의 대부분도 쓰기로 이루어진다. 논술 전형으로 입시를 치러야 할 수도 있으며, 대학에 입학해서도 자기소개서, 리포트, 논문 등 끊임없이 문제해결적 글쓰기를 해야 한다. 이를 위해서는 꾸준히 글을 쓰는 연습이 필요하다.

그런데 우리나라 국어 교육에서 쓰기는 상대적으로 취약하다. 쓰기 능력을 평가하려고는 하지만 글을 잘 쓰지 못하는 학생들을 잘 쓰게 만드는 교육이 거의 전무하다. 국어 학원을 다닌다 하더라도 문제 풀이 중심인 경우가 많다. 논술 학원에 다니면 일정한 형식의 글쓰기 패턴은 익힐 수 있을지 모르지만 창의적인 글이 나오기는 어렵다. 따라서 글쓰기 공부를 교육기관에 의존하기보다는 별도로 나만의 방법으로 연습하는 것이 좋다. 하루 10분 세 줄이라도 글을 쓰는 훈련은 쓰기에 대한 자신감을 높여 주고, 글쓰기 능력을 향상시켜 줄 것이다.

함께 세 줄 쓰기

2020년 코로나19로 인해 학급 아이들과 제대로 소통하기 힘들

때 우리는 '세줄일기'라는 앱을 통해 매일 글쓰기 프로젝트를 진행했다. 우리 학급의 '함께 쓰기' 프로젝트 운영 전략은 간단했다. 자신의 번호에 해당하는 날짜에 맞춰서 하루에 세 줄만 일기를 썼다. 좋았던 일, 특별했던 일, 아쉬웠던 일 등 어떤 내용이든 자유롭게 쓰게 했다. 단 날짜를 지켜 쓰고, 웬만하면 사진을 첨부할 것을

오늘 학교 생활도 재미있었다
진담이라는 과목의 선생님도 처음 뵙고,유튜브에 대해
새로운 것도 알게되는 재미있는 하루였다

2020년 10월 7일

당부했다. 30명 중 3~4명은 귀찮다는 이유로 사진을 넣지 않았지만, 나머지는 멋진 사진도 덧붙였다.

처음 하는 작업에 아이들이 조금 부담스러워하기도 했지만, 차츰 다른 친구들의 글을 읽으며 어느새 자기 차례를 기다리게 되었다. '오늘은 무슨 일을 쓸까?' 학교에서 있었던 일과 온라인 수업 중에 있었던 일을 생각해 보는 계기가 되었다. 31일이 있는 달은 교사인 내가 작성했다. 그러다 보니 금방 한 학기가 지났고 어느새 우리 학급만의 책이 한 권 뚝딱 완성되었다.

보통 글쓰기는 눈에 보이는 독자가 없기 때문에 외롭고 고독하게 느껴진다. 하지만 함께 쓰는 '세줄일기'는 친구들이 독자가 되

기도 하고 서로 댓글로 상호작용할 수 있다는 장점이 있다. 게다가 최종적으로 결과물을 책으로 엮을 수도 있다. 이런 과정을 통해 글쓰기가 즐거운 소통 과정임을 경험하는 것도 좋은 방법이다. 가족이나 친구와 함께 세 줄만 써 보자.

잘 쓰려고 하지 말고 정확하게 쓰자

하루 10분씩 세 줄 글쓰기를 꾸준히 하면 좋은 점은 글쓰기가 만만해진다는 것이다. 쓰기가 어려운 이유는 '잘' 써야 한다고 생각하기 때문이다. 노래는 좀 못 불러도 신나게 부르면서 왜 글은 작가처럼 잘 써야 한다고 생각할까? '잘'이라는 것을 먼저 걷어 내고 '쓰기'에 집중하면 쓰기는 도전해 볼 만한 영역이다. 좋은 문장이 아니라 의미가 정확한 문장을 쓰면 된다. 전문 작가나 소설가가 아니기 때문에 멋진 문장을 쓸 필요가 없다. 전달하고자 하는 중심 내용에만 집중하면 된다.

정기고사를 보고 나면 간혹 무슨 말을 하는지 알 수 없는 문장들을 나열하고 서술형 점수를 달라고 우기는 학생들이 있다. 그런 아이들에게 "네가 쓴 답안을 지금 읽어 봐라. 이해가 되면 점수 줄게."라고 하면 대부분 꼬리를 내린다. 글을 쓴 본인이 읽었을 때 이해가 되지 않는 글은 당연히 타인도 이해하지 못한다. 멋진 글, 좋은 글을 쓰려는 욕심을 버리고 올바른 문장을 적도록 노력하자.

생각한 것을 말로 한번 뱉어 보고, 그것을 글로 바꿔 보자. 종이에 끄적거리는 것도 좋고 메모장에 적는 세 줄도 좋다. 글은 오직 씀으로써 실력을 키울 수 있다.

내 생각이 먼저다

글을 쓸 때는 반드시 글을 읽을 예상 독자를 고려해야 한다. 설명문, 논설문, 비평문, 건의문, 기사문 등 각각의 글 유형에 맞게 글을 쓴다는 것 역시 예상 독자의 읽기 목적을 고려하여 내용과 형식을 갖추는 일이다. 그런데 예상 독자를 고려하는 것만큼 중요한 것은 내 자신의 생각을 먼저 파악하고 쓰는 것이다. 예상 독자만을 고려한 글쓰기에 몰입하다 보면 자유롭게 생각을 표현하는데 제약을 받게 된다. JYP 대표 박진영이 수많은 오디션에서 심사하면서 매번 하는 이야기를 기억하자.

"기성 가수처럼 부르지 말고 너만의 노래를 불러라!"

글도 마찬가지다. 내 생각, 느낌을 오롯이 먼저 쓰고, 그다음에 읽을 독자들을 생각하며 다듬는 것이 좋다. 글을 쓰다 보면 글로 무엇을 전하고 싶은지 방향을 상실하는 경우가 많은데 방향을 잊지 않으려고 노력해야 한다.

'천 리 길도 한 걸음'이라는 말처럼 글쓰기에서 가장 중요한 것은 시작이다. 하루에 세 줄이라도 꾸준히 글을 쓰다 보면 점점 더 많은 문장을 쓸 수 있는 문장력을 기를 수 있다.

하루 10분, 세 줄 쓰기의 힘

1. 하루에 세 줄만이라도 꾸준히 기록하자.

2. 잘 쓰려고 하지 말고 의미를 정확하게 전달하려고 노력하자.

3. 예상 독자를 고려하되, 내가 쓰고 싶은 글이 무엇인지 생각하자.

하루 10분,
글씨 쓰기의 힘

젊고 유능한 청년지도자로 주목을 받는 한 정치인이 남긴 방명록이 연일 화제가 되었다. 화제의 중심은 방명록 내용이 아니라 글씨였다. 능력 있는 사람으로 추앙받던 그는 연일 '초딩 글씨'라는 뭇매를 맞았다. 그다지 잘 쓴 글씨는 아니었지만, 특별히 못 쓴 글씨 같지는 않았다. 손글씨를 잘 쓰지 않는 MZ세대 평균적인 수준이었다.

사실 나 역시 계약서에 서명할 때, 혹은 혼자 *끄적끄적* 메모하는 순간이 아니면 손글씨를 쓸 일이 거의 없다. 코로나로 온라인 수업을 주로 하다 보니 칠판에 판서하는 일도 줄었다. 학생들도 마찬가지다. UCC 제작, PPT 발표, 보고서 작성 등 컴퓨터나 스마트폰을 활용해 과제를 제출한다. 점점 손으로 글씨 쓸 일은 줄어들고 있는데 여전히 글씨 쓰기가 중요할까?

또박또박한 글씨가 점수를 부른다

여러분이 채점자라면 정성껏 예쁘게 쓴 글씨로 가득 찬 답안지와 암호 해독 수준의 답안지가 있다면 어디에 점수를 더 주고 싶겠는가? 서술형·논술형 평가는 인상 평가가 아니라 나름의 공정한 채점 기준을 둔 평가다. 하지만 채점자는 기계가 아닌 인간이다. 교사도 인간이기 때문에 알아보기 쉽고 예쁘게 쓴 답안지에 점수를 더 줄 수밖에 없다. 성적을 잘 받고 싶은가? 그렇다면 흘려 쓰지 말고 또박또박 정자로 글씨를 쓰도록 연습하자.

아직까지는 수능 시험이 객관식이지만 2025년 고교학점제의 등장으로 수능 시험을 전면적으로 개편해야 하는 필요성이 높아졌다. 객관식 시험은 공정성과 편리성이 높다는 장점이 있지만, 학생들의 역량이나 심층적인 사고력 및 표현력을 측정하는 데 한계가 있다. 머지않아 수행 평가나 지필고사 일부로 시행되던 주관식 시험이 수능까지 확대될 수도 있다.

실제로 2013년부터 중등 교원 임용고사도 객관식 시험에서 탈피해 서술형·논술형 시험으로 변경되었다. 모든 시험이 임용고사처럼 서술형·논술형으로 바뀐다면 손글씨의 위력은 지금보다 훨씬 커질 것이다.

자음과 모음을 붙여 쓰자

가독성이란 얼마나 쉽게 읽을 수 있는지를 나타내는 정도를 뜻하는 말로, 가독성이 높다는 것은 글씨로 글쓴이 생각을 읽어 낼 수 있다는 의미다.

국내 최고의 퍼포먼스 서예가 최루시아 선생님께서는 예쁜 글씨를 쓰는 비결을 이렇게 말씀하셨다.

"글씨를 잘 쓰는 방법은 간단해요. 위, 아래, 가로, 세로 여백을 두고, 자음은 왼쪽, 모음은 오른쪽에 쓰면 됩니다. 그리고 가독성 있게 붙여 써야 하는 단어들은 붙여 쓰면 됩니다. 예를 들어 '친구'라는 단어를 '친 구'로 쓰면 어떨까요? 친구끼리 서로 붙어 이야기해야 하는데 글씨 자체가 대화할 수 없어 보이지 않나요?"

가독성이 높은 글을 쓰려면 모양이 예쁜 글씨를 쓰려고 노력하기보다는 타인이 알아보기 쉬운 글씨를 쓰려고 노력해야 한다. 글을 쓴다는 것은 기본적으로 글을 읽는 사람과 소통을 전제로 한다. 소통의 매개체가 되는 것이 바로 글씨다. 아무리 맛있는 음식을 만들었더라도 그 음식을 개밥그릇에 담으면 어떻게 보일까? 먹음직스럽기보다는 음식물 쓰레기처럼 보일 것이다. 깨끗한 그릇에 정갈하게 음식을 담는 요리사의 마음으로 전달할 메시지를 보기 쉽고 읽기 쉽게 또박또박 써야 한다.

학생들 글씨 중 가장 알아보기 어려운 것은 자음 'ㄹ'이다. 'ㄹ'

을 제대로 쓰지 않고 대체로 흘려 쓰는 경우가 많은데, 'ㄴ'으로 쓴 건지 'ㄷ'으로 쓴 건지 알아보기 힘들어서 채점하기 곤란한 경우가 있다.

우리가 글씨를 예쁘게 쓰지 못하는 가장 큰 이유는 글씨를 빠르게 쓰기 때문이다. 시간이 없다는 이유로 글씨를 빠르게 쓰면 누구나 글씨 모양이 흐트러진다. 그러면 가독성이 떨어진다. 따라서 글씨를 쓸 때 여유를 갖고 한 글자씩 정성을 들여 쓰는 습관이 중요하다.

원고지에 글자를 맞춰 쓰는 연습을 하자

행과 연으로 구분된 시를 쓸 때는 백지에 쓰는 것이 좋지만 산문을 쓸 때는 대체로 줄이 있는 종이나 원고지 등을 이용하는 것이 좋다. 글을 얼마만큼 썼는지 대략적인 분량을 알아볼 수 있고 글씨가 비뚤어지거나 균일하지 않은 것을 막아 주는 장점이 있다. 원고지에 글씨를 맞춰 쓰는 연습을 하면 글자 크기를 대체로 일정하게 쓰는 연습을 할 수 있다. 원고지에 글을 처음 쓸 때는 원고지 사용법 등을 찾아보고 글을 쓰면 좋다.

원고지에 글쓰기를 많은 사람들이 부담스러워하는데 첫 칸을 띄는 것, 문장 부호를 별도로 처리하는 것, 제목과 본문의 간격을 띄어 쓰는 것 등 간단한 것만 익히면 그리 어렵지 않다. 원고지 한

칸에 글자를 맞춰 쓰는 훈련은 글씨 틀을 잡는 데 큰 도움이 된다. 때때로 과제는 컴퓨터로 작성해서 제출하지만, 여전히 시험은 손글씨로 써야 한다는 것을 명심하자.

캘리그래피로 글씨의 모양을 잡아 보자

예쁘게 글씨를 쓰고 싶은데 이미 형성된 글씨체가 나쁘다면 시중에 판매하는 캘리그래피 키트를 구매해서 예쁜 글씨를 따라 써 보자. 캘리그래피는 글씨의 모양을 예쁘게 잡아 주는 효과도 있지만, 천천히 글씨 쓰는 연습을 통해 고요히 내면을 바라보는 경험도 할 수 있다. 천천히 한 글자씩 정성을 기울여서 글씨를 쓰다 보면 집중력도 높아진다. 글씨체는 하루아침에 바뀌지 않지만 하루 10분씩의 노력으로 다른 사람이 잘 알아볼 수 있는 예쁜 글씨를 쓸 수 있다.

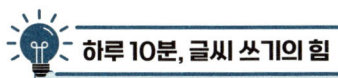

하루 10분, 글씨 쓰기의 힘

1. 논술형·서술형 시험 점수를 잘 받고 싶으면 정자로 글씨를 쓰자.

2. 자음과 모음을 붙여서 가독성을 높이자.

3. 원고지에 글자 크기를 맞춰서 쓰자.

4. 캘리그래피로 글씨의 모양을 잡아 보자.

하루 10분,
함께 공부하는 힘

우분투(Ubuntu)란 아프리카 반투족의 말로 네가 있기에 내가 있
다는 뜻이다. 우리는 이 말에서 함께 살아가는 힘인 공동체 정신
을 배울 수 있다. 함께 학교에 다니다가도 시험 때만 되면 내 옆의
친구를 경쟁자로 생각하지는 않는가? 친구보다 시험을 못 보면
속상하고 뒤처지는 것 같은 기분은 왜일까?

나도 그랬다. 나보다 공부를 덜한 것 같은 친구가 시험을 잘 보
거나, 나보다 성적이 안 좋았는데 더 좋은 대학에 진학한 친구를
보면 샘이 나고 속상했다. 그런데 그런 마음이 드는 것은 여러분
탓이 아니다. 친구를 경쟁자로 인식하게 하는 지금의 경쟁적 분위
기 속에서는 그렇게 생각할 수밖에 없다. 하지만 바로 옆에 있는
친구를 경쟁자라고 생각하면 우리 스스로가 너무 힘들다. 오히려

국어 탄탄 공부법

너도 잘되고 나도 잘되자는 윈윈(win-win)의 마음으로 함께 공부하는 것이 훨씬 효율적이다.

물론 모든 사람에게 함께 공부하는 것이 효율적인 것은 아니다. 혼자 골방에 틀어박혀 공부해야 잘되는 사람도 있다. 내가 같이 공부하는 게 맞는 사람인지 확인하려면 나의 학습 양식이 어떠한지를 파악해야 한다.

미국의 심리학자이자 교육학자 위트킨(Herman Witkin)은 특수한 정보에 대해 지각과 사고가 환경의 영향을 받는 정도에 따라 학습자를 장독립형과 장의존형으로 구분했다. 장독립형 학습자는 어떤 사물을 지각할 때 주변에 영향을 적게 받는 사람이다. 반면 장의존형 학습자는 사물의 지각에 있어서 환경의 영향을 많이 받는 사람이다.

장독립적인 학생은 환경에 영향을 덜 받기 때문에 혼자서도 공부를 잘한다. 스스로 목표를 잘 세우고 계획도 잘 실천한다. 반면 장의존적인 학생은 주위에 영향을 많이 받기 때문에 함께 공부하는 분위기에서 더 공부가 잘된다. 스터디나 협동 학습이 학습의 효과를 더욱 높일 수 있다.

공부하기 전 자신이 장독립적 학습자인지 장의존적 학습자인지 파악하여 본인의 학습 양식에 맞게 학습을 진행하는 것이 좋

장독립적 학생

장의존적 학생

국어 탄탄 공부법

다. 자신만의 세계를 구축하며 혼자 공부하는 게 좋다면 장독립적 학습자이며, 같이 이야기하는 모둠학습이 좋다면 장의존적 학습자로 볼 수 있다. 인간은 환경에 영향을 많이 받는 사회적 동물이기 때문에 대다수가 장의존적 학습자의 경향을 지니고 있다.

하지만 장의존적인 학습자라고 할지라도 무조건 소집단 협동 학습이 좋은 것은 아니다. 소집단 협동 학습을 잘못 꾸리면 그 자체가 엄청난 스트레스가 될 수 있다. 협동 학습(스터디)의 횟수, 방법, 방향, 구성원을 잘 정해서 공부해야 한다.

함께 공부하는 방법1-처음부터 같이 공부하지 않는다

주의해야 할 점은 함께 공부할 때 처음부터 무조건 같이 공부하지 않는 것이다. 공부 초기에는 스스로 내용을 익히고 어느 정도 무르익었을 때 같이 하면 효과적이다. 최소 40% 정도 공부가 되었을 때 친구와 서로 이야기를 하면서 모르는 부분을 채워 나가는 협동 학습을 하면 도움이 된다. 잘못 알고 있던 개념을 수정할 수도 있고, 친구는 잘 모르지만 내가 잘 아는 개념을 가르쳐 주며 확실하게 내 것으로 만들 수도 있다. 이때는 수동적으로 한쪽이 다른 한쪽한테 가르쳐 주기보다는 서로 가르쳐 주는 관계가 되는 것이 좋다. 한쪽만 설명하거나 질문하면 듣는 쪽보다 적극적으로 참여하는 쪽이 훨씬 학습 효과가 높다.

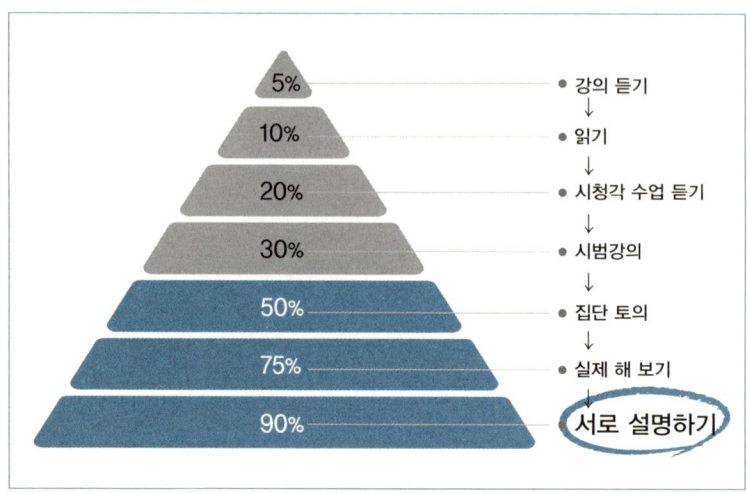

학습 효율성 피라미드

미국의 행동과학 연구기관 NTL(National Traning Laboratory)에서 발표한 학습 효율성 피라미드에 따르면 단순히 강의를 듣기만 한 경우에는 5%, 학습 내용을 읽으면 10%, 시청각을 이용해 수업을 들을 때는 20% 정도 기억에 남는다고 한다. 반면 시범강의를 한 경우에는 30%, 집단 토의를 한 경우에는 50%, 실제로 해 보면 75% 정도가 남는다. 서로 설명을 하며 공부를 했을 때는 무려 90% 정도 남아 온전히 기억을 유지한다고 하니 주거니 받거니 가르쳐 주며 함께 공부하는 힘이 크다는 것을 확인할 수 있다.

이러한 연구에 따르면 듣는 것만으로 수업의 내용을 완전히 다 기억하려면 5번 이상은 같은 내용을 들어야 한다. 그런데 같은 수

국어 탄탄 공부법

업을 5회 이상 듣기는 어렵다. 다 아는 것을 계속 듣는 데에서 오는 피로감과 지겨움을 극복해야 하고, 시간도 오래 걸린다.

따라서 듣기만으로 학습을 유지하는 것은 비효율적이다. 부모님이나 학생들이 '학원 수업을 열심히 듣기만 해도 어느 정도 성적이 나올 거야.'라고 기대하는 것은 20%의 낮은 확률에 기대어 희망 고문을 품는 것이다. 유명 강사의 수업을 몰입해서 듣는 것보다 직접 설명해 보는 것이 기억에 훨씬 오래 남는다.

함께 공부하는 방법2- 쉬운 말로 설명할 수 있어야 한다

누군가에게 설명하기 위해서는 그 개념을 정확히 이해하고 있어야 한다. 그리고 그 과정에서 설명을 듣는 사람의 질문을 받으며 미처 생각하지 못한 것에 대해 생각해 보게 된다. 이 과정을 통해 자신이 무엇을 잘 알고, 무엇을 잘 모르고 있는지를 발견하게 된다. 이것이 바로 메타인지의 활성화다.

상대에게 설명하는 공부를 할 때 중요한 능력 중 하나가 언어 구사력이다. 따라서 소집단 협동 학습을 제대로 하려면 기본적으로 상대를 이해시킬 수 있는 말하기 능력이 필요하다. 말하기에 자신감이 없다면 인형을 앉혀 두고 설명하는 연습을 하거나 상대가 빈 의자에 앉아 있다고 생각하고 시뮬레이션으로 설명하면 된다.

글은 중학생도 이해할 수 있게 쓰는 글이 좋은 글이며, 말은 초등학생도 이해할 수 있게 해야 좋은 설명이다. 어려운 개념을 어렵게 설명하면 중수, 쉬운 개념을 어렵게 설명하면 하수다. 뛰어난 학습자이자 교수자는 어려운 개념을 쉽게 설명하는 사람임을 명심하자. 다른 사람과 함께 공부할 때는 쉽게 설명하기 위해 노력해야 한다. 내가 이해하고 있는 것을 뒷받침할 수 있는 적절한 사례를 들어 상대를 이해시킬 수 있다면 충분한 학습이 이루어졌다고 볼 수 있다.

이러한 방법은 비문학 지문을 읽을 때도 큰 도움이 된다. 이를 위해서는 미리 어려운 어휘를 찾고, 이해가 안 되는 문장에 밑줄을 치는 작업이 필요하다. 또한 어떤 것들을 물어볼지 인덱스를 붙여 놓는 것도 방법이다. 자신이 읽은 것이 맞는지 타인들과 검증하는 과정은 매우 중요하다. 이러한 방법을 동원해 지문을 공부한다면 어려운 국어 공부가 조금은 즐겁게 느껴질 것이다.

 하루 10분, 함께 공부하는 힘

1. 자신이 장의존적 학습자인지 장독립적 학습자인지를 파악한다.
2. 장의존적 학습자인 경우 어느 정도 공부가 된 상태로 함께 공부한다.
3. 함께 공부할 때는 누구나 이해할 수 있는 쉬운 말로 설명한다.

국어 탄탄 공부법

하루 10분,
오답 노트의 힘

중간고사를 보고 나면 대부분의 학생들은 기말고사는 정말 최선을 다해 공부하겠다고 결심한다. 하지만 당장 지금부터 공부를 열심히 한다고 해도 성적을 올리기는 쉽지 않다. 성적은 수직 상승하기보다는 '계단식 상승'을 하기 때문이다. 99도에서는 끓지 않았던 물이 100도에서 끓는 것처럼, 1도만 더하면 성적이 오를 수 있는데 대다수는 금방 포기하고 만다. 이때 1도를 높일 방법이 오답 노트다.

사실 수능 1등급을 맞은 학생들 사이에서도 오답 노트는 호불호가 갈린다. 어떤 책에서는 수능 1등급을 받은 아이들의 60% 이상이 오답 노트를 만들지 않았다고 주장하며 오답 노트 무용론에 힘을 싣기도 한다. 하지만 다년간 학생들을 가르쳐 온 경험으로 봤을 때 오답 노트는 매우 중요하다. 누구나 자신의 실수를 보고 싶어 하지 않는다. 하지만 그 실수를 극복해야 진정한 실력을 쌓을 수 있다. 실수를 통한 배움, 그 첫걸음이 바로 오답 노트다.

시험용 아날로그 오답 노트를 만들어라

문제를 풀 때마다 틀린 모든 문제를 오리고 붙이는 오답 노트를 만들라는 것이 아니다. 이는 오히려 시간 낭비가 될 수 있다. 평소 문제집을 풀 때 발생하는 오답은 책에 풀이하되, 내신 시험이나 모의고사 등을 치르고 난 후 오답을 모으면 된다. 직접 만든 오답 노트는 나의 약점을 가장 잘 기록한 비책서가 된다.

과거에는 시험지를 복사해서 지문을 오려 붙이고 설명을 덧붙였지만, 디지털 매체 활용이 쉬운 요즘엔 앱 등을 활용할 수도 있다. 스마트폰 플레이 스토어 등에 '오답 노트'를 검색해 보면 다양한 오답 노트 앱이 등장한다. 그렇게 만든 오답 노트를 출력할 수도 있다. 출력과 사진 촬영이 쉬운 시대이기 때문에 이를 활용해 오답 노트를 제작하는 것도 좋은 방법이다. 하지만 활용 및 효과 면에서는 직접 문제를 오리고 붙이는 아날로그 오답 노트가 더 좋다.

디지털로 만든 오답 노트는 평소에는 활용할 수 있지만, 시험장에서는 활용하기 어렵고, 스마트폰을 활용하여 공부하다 보면

SNS를 탐닉하거나 메시지를 주고받는 등 다른 데 정신이 쏠릴 수도 있다. 또한 무료로 제공되는 오답 노트 앱에는 광고도 삽입되어 있다. 공부에 집중하는 데 방해하는 요소가 너무 많으므로 되도록 공책에 지문과 문제를 담는 아날로그 오답 노트를 만들기를 추천한다.

오답을 고른 이유를 적는다

'오답 노트'를 만드는 큰 이유는 생각의 틀을 변화시키기 위함이다. 제자들에게 오답 노트를 만들라고 시키면 처음엔 귀찮아하면서 오답 노트를 만들지 않으려고 갖은 변명을 늘어놓는다.

"다음번에는 안 틀릴게요, 선생님."

"설마 이번에 틀렸는데 다음에 또 틀리겠어요?"

"귀찮게 뭐하러 만들어요. 제가 꼭 기억할게요."

하지만 다음에 안 틀리겠다는 녀석이 몇 주 뒤에 똑같은 문제를 틀리고, 꼭 기억하겠다는 녀석은 자신이 틀렸다는 사실조차 잊어버린다. 인간의 생각 틀은 생각보다 쉽게 바뀌지 않는다. 통계적으로 틀린 문제를 다시 틀릴 확률은 70~80% 정도라고 한다. 기억 효과가 지워질 때쯤 다시 그 문제를 풀게 한다고 하더라도 과거의 시행착오를 반복할 가능성이 크다. 따라서 오답 노트를 만들 때는 내가 오답을 고른 이유를 반드시 함께 적는다.

정답을 의심하자

오답에 대해 신경 쓰는 것만큼 중요한 것이 바로 정답을 다시 보는 것이다. 일본의 작가 샤토 야마토는 문제를 풀고 나서 정답을 확인하지 말고 정답부터 보고 문제를 파악하는 '꼼수 공부법'을 강조한다. 겉으로 보기에는 꽤 괜찮은 방법인 것 같은데 한 가지 의문이 든다. 만약 답지의 정답이 틀리다면? 그때도 이 공부법이 과연 괜찮을까?

실제로 국어를 가르치면서 문제집과 자습서의 오답을 발견하는 일은 생각보다 흔하다. 오타가 날 수도 있고 복수 정답의 함정을 피하지 못했을 수도 있다. 국어는 수능에서도 복수 정답을 인정한 과목이다. 따라서 정답지를 맹신하지 말고 정답지에서 말하는 근거와 정답이 과연 타당한지를 따져 보는 것이 중요하다.

O, X로 정확하게 표시하라

오답 노트를 만들 때 중요한 점은 어디가 틀렸는지를 정확하게 표시해야 한다는 것이다. 선택지에 어떤 부분이 틀렸는지 X표시를 해 두어야 한다. 그리고 맞은 선택지는 동그라미를 해 두고 지문의 어느 부분과 일치하는지 지문의 내용과 연결해 두어야 한다.

여기에 가장 좋은 것은 왜 내가 오답을 골랐는지에 대한 이유를 명확하게 적어 놓는 것이다. 오답을 고른 근거와 그때 시험장

국어 탄탄 공부법

에서 했던 생각을 적어 두면 비슷한 상황에서 다시 한번 생각해 보게 된다.

많은 수험생이 문제가 요구하는 답을 찾지 않고 내가 고르고 싶은 답을 고른다. 문제의 조건에 맞지 않으면 답이 아니다. O는 문제가 요구하는 조건에 맞는 것, X는 문제의 조건에 맞지 않는 것이다. 별것 아닌 요령인 것 같지만 이런 단순한 논리가 어려운 문제들을 해결할 수 있다.

오답 노트는 수능 시험 시작 전 마지막으로 펴 볼 노트로 생각하고 정성껏 만들어야 한다. 수능 시험장에 가면 진풍경을 많이 본다. 어떤 학생은 모든 책을 시험 전에 보려는 생각인지 큰 가방에 모든 책을 다 담아온다. 또 다른 이는 어차피 '지금 보는 게 과연 시험에 나오겠어?'라는 생각으로 아무것도 가지고 오지 않기도 한다.

이 시간에 내가 직접 만든 맞춤형 오답 노트를 보면 어떨까? '내가 이토록 열심히 준비해 왔구나!' 자신의 흔적을 보며 마음의 안정을 찾고, 자신이 틀렸던 문제가 다시 출제된다면 절대 틀리지 않겠다는 굳은 각오로 시험에 임할 수 있을 것이다.

〈보기〉의 (가)는 수업 게시판에 올라온 질문들이다. 답변할 때 (나)를 활용할 필요가 <u>없는</u> 것은?

〈보기〉

(가)

ㄱ. '옷이, 옷을'의 표준 발음은 무엇인가요?

ㄴ. '입학'은 '[이박]'이 맞나요, '[이팍]'이 맞나요?

ㄷ. '앞으로'를 '[아브로]'로 발음하면 왜 틀리나요?

ㄹ. '부엌이, 부엌은'을 '[부어기], [부어근]'으로 발음해도 괜찮나요?

ㅁ. '늪'은 '늪 아래'와 '늪에서'의 발음이 다른가요?

(나) '연음'은 자음으로 끝나는 말 뒤에 모음으로 시작하는 조사, 어미, 접미사가 올 때 앞 음절의 종성이 그대로 뒤 음절의 초성으로 옮겨 가는 현상을 말한다. 가령 '앞'에 조사 '이'가 결합할 때 '[아피]'로 발음되는 것이 대표적인 연음의 예이다. 연음이 제대로 지켜졌는지는 표준 발음 여부를 판정할 때 매우 중요하다. '꽃이, 꽃은'을 [꼬시], [꼬슬]로 읽는 것은 연음을 따르지 않아서 생긴 잘못된 발음이다.

① ㄱ　　② ㄴ　　③ ㄷ　　④ ㄹ　　⑤ ㅁ

내가 고른 답: 4번

답을 고른 이유: '부엌이', '부엌은'의 발음은 [부어키], [부어큰]이기 때문에 틀린 답이라고 생각했다. 그런데 자세히 보니 답변 시 (나)를 활용할 필요가 없는 것을 고르는 게 문제의 핵심이었다.

정답: 2번

정답인 이유: 발문은 (나)를 활용할 필요가 없는 것을 고르는 것이다. 4번의 발음은 틀렸으나 (나)의 연음을 활용하여 그 답이 틀렸다고 설명할 수 있다. 그렇다면 이 문제는 연음을 활용할 수 없는 〈보기〉를 고르는 게 중요하다. 연음은 자음으로 끝나는 말 뒤에 모음으로 시작하는 조사, 어미, 접미사 등 형식 형태소가 올 때 실현된다. 그런데 2번 'ㄴ'의 경우는 자음으로 끝나는 말 뒤에 자음이 결합되어 연음이 적용되기 어렵다. 따라서 정답은 2번이다.

다음 글을 읽고 물음에 답하시오.

전생에 부부였던 남해 용왕의 딸과 동해 용왕의 아들은 각각 금방울과 해룡으로 환생한다. 해룡은 피란 도중에 부모와 헤어져 장삼과 변 씨의 집에서 자라게 된다.

(가) 어느 추운 겨울날, 눈보라가 내리치는 밤에 변 씨는 소룡과 함께 따뜻한 방에서 자고 해룡에게는 방아질을 시켰다. 해룡은 어쩔 수 없이 밤새도록 방아를 찧었는데, 얇은 홑옷만 입은 아이가 어찌 추위를 견딜 수 있겠는가? 추위를 이기지 못해 잠깐 쉬려고 제 방에 들어가니, 눈보라가 방 안에까지 들이치고 덮을 것이 하나도 없었다. 해룡이 몸을 잔뜩 웅크리고 엎드려 있는데, 갑자기 방 안이 대낮처럼 밝아지고 여름처럼 더워져 온몸에 땀이 났다. 놀라고 또 이상해 바로 일어나 밖을 자세히 살펴보니, 아직 날이 밝지 않았는데 하얀 눈이 뜰에 가득했다. 방앗간에 나가 보니 밤에 못다 찧은 것이 다 찧어져 그릇에 담겨 있었다. 해룡이 더욱 놀라고 괴이하게 여겨 방으로 돌아오니 방 안은 여전히 밝고 더웠다. 아무리 생각해도 이상해 방 안을 두루 살펴보니, 침상 위에 예전에 없었던 북만 한 방울 같은 것이 놓여 있었다.

(나) 해룡은 마음속으로 기뻐하며 자리에 누웠다. 그동안 굶주림과 추위에 시달린 몸이 따뜻해지니, 마음이 절로 놓여 아침 늦도록 곤히 잠을 잤다. 이때 변 씨 모자는 추위 잠을 자지 못하고 떨며 앉아 있다가 날이 밝자마자 밖으로 나와보니, 눈이 쌓여 온 집 안을 뒤덮었고 찬바람이 얼굴을 깎듯이 세차게 불어 몸을 움직이는 것마저 어려웠다.

해룡을 불러도 대답이 없자, 해룡이 얼어 죽었으리라 생각하고 눈을 헤치고 나와 문틈으로 방 안을 엿보았다. 그랬더니 해룡이 벌거벗은 채 깊이 잠들어 있는데 놀라서 깨우려다가 자세히 살펴보니 하얀 눈이 온 세상 가득 쌓여 있는데, 오직 해룡이 자고 있는 사랑채 위에는 눈이 한 점도 없고 더운 기운이 연기처럼 일어나고 있었다. 이것이 어찌 된

일인지 알 수가 없었다. 변 씨가 놀라 소룡에게 이런 상황을 이야기했다.

(다) 문득 해룡이 놀라 잠에서 깨어 내당으로 들어가 변 씨에게 문안을 올린 뒤 비를 잡고 눈을 쓸려 하는데, 갑자기 한 줄기 광풍이 일어나며 반 시간도 채 안 되어 눈을 다 쓸어버리고는 그쳤다. 해룡은 이미 짐작하고 있었으나, 변 씨는 그 까닭을 전혀 알지 못해 더욱 신통히 여기며 마음속으로 생각했다.

'분명 해룡이 요술을 부려 사람을 속인 것이로다. 만약 해룡을 집에 오래 두었다가는 큰 화를 당하리라.'

(라) 변 씨는 어떻게든 해룡을 죽여 없앨 생각으로 이리저리 궁리하다가, 한 가지 계교를 생각해 내고는 해룡을 불러 말했다.

"가군이 돌아가신 뒤 우리 가산이 점점 줄어들게 된 것은 너 또한 잘 알 것이다. 구호동에 우리 집 논밭이 있는데, 근래에는 호환이 자주 일어나 사람을 다치게 해 농사를 짓지 못하고 묵혀둔 지 벌써 수십여 년이 되었구나. 이제 그 땅을 다 일구어 너를 장가보내고 우리도 네 덕에 잘살게 된다면, 어찌 기쁘지 않겠느냐? 다만 너를 그 위험한 곳에 보내면, 혹시 후회할 일이 생길까 걱정이구나."

해룡이 기꺼이 허락하고 농기구를 챙겨 구호동으로 가려 하니, 변 씨가 짐짓 말리는 체했다.

(마) 해룡이 공손하게 대답하고 구호동으로 들어가 보니, 사면이 절벽으로 둘러싸여 있고 그 사이에 작은 들판이 하나 있는데, 초목이 아주 무성했다. 해룡은 조금도 두려워하지 않고 옷을 벗은 뒤 잠깐 쉬었다. 해가 서산으로 넘어가려 할 무렵 자리에서 일어나 밭을 두어 이랑 갈고 있는데, 갑자기 바람이 거세게 불고 모래가 날리면서 산꼭대기에서 이마가 흰 칡범이 주홍색 입을 벌리고 달려들었다. 해룡이 정신을 바

싹 차리고 손으로 호랑이를 내리치려 할 때, 또 서쪽에서 큰 호랑이가 벽력같은 소리를 지르며 달려들어 해룡이 매우 위급한 상황에 처하게 되었다. 그 순간 갑자기 등 뒤에서 금방울이 달려와 두 호랑이를 한 번씩 들이받았다. 호랑이들이 소리를 지르며 달려들었으나, 금방울이 나는 듯이 뛰어서 연달아 호랑이를 들이받으니 두 호랑이가 동시에 거꾸러졌다. (중략)

한편, 변 씨는 해룡을 구호동 사지에 보내고 생각했다.

'해룡은 반드시 호랑이에게 물려 죽었을 것이다.'

변 씨가 집 안팎을 들락날락하며 매우 기뻐하고 있는데, 문득 밖에서 사람들이 요란하게 떠드는 소리가 들려와 급히 나아가 보니, 해룡이 큰 호랑이 두 마리를 끌고 왔다. 변 씨는 크게 놀랐지만 무사히 잘 다녀온 것을 칭찬했다. 또한 큰 호랑이를 잡은 것을 기뻐하는 체하며 해룡에게 말했다.

"일찍 들어가 쉬어라."

해룡이 변 씨의 칭찬에 감사드리고 제 방으로 들어가 보니, 방울이 먼저 와 있었다.

-작자 미상, 《금방울전》-

윗글의 내용과 일치하지 <u>않는</u> 것은?

① 소룡은 변 씨의 아들이다.(○)

② 변 씨는 겉과 속이 다르다.(○)

③ 금방울은 해룡을 돕는 인물이다. (○)

④ 해룡은 예의가 매우 바른 인물이다. (○)

⑤ 소룡은 해룡을 없애기 위해 음모를 꾸민다. (✗)

내가 고른 답: 1번

답을 고른 이유: (나)에 등장하는 '변 씨 모자'라는 부분을 못 보고 소룡이 변 씨의 애인이라고 생각했다.

정답: 5번

정답인 이유: 지문 (라)에서 보듯이 해룡을 없애기 위해 음모를 꾸미는 사람은 '소룡'이 아니라 '변 씨'다

 하루 10분, 오답 노트의 힘

1. 디지털 오답 노트보다는 아날로그 오답 노트를 만들자.

2. 오답을 고른 이유를 적는다.

3. 정답도 의심하자.

4. 모든 선택지에 OX 표시를 하자.

하루 10분,
읽고 떠드는 힘

　문해력을 기르려면 책을 읽으라고 말한다. 책을 읽어야 한다는 건 누구나 알지만 막상 책을 읽으려면 귀찮고 어렵다. 한 번 멀어진 친구와 다시 친해지기 어려운 것처럼 책도 그렇다. 우리는 이미 종이책과 멀어지고 스마트폰이라는 단짝이 생겼다.

　사실 우리는 온종일 글을 읽고 있다. 스마트폰에 있는 수많은 기사와 SNS에 올라온 글을 엄청나게 많이 읽고 있는데 왜 문해력이 떨어진다는 것일까? 일단 읽는 방식에 문제가 있다. 스마트폰을 통해 글을 읽을 때 우리는 제목을 보고 스크롤을 내려 대충 훑어본다. 이런 습관이 긴 글을 읽을 때도 그대로 적용된다. 글이나 책을 읽고도 머리에 남는 게 없는 이유는 디지털 읽기 습관이 굳어졌기 때문이다.

이렇게 매일 짧은 글만 읽게 되면 긴 글을 읽고 이해하는 것이 부담스럽다. 국어 시험을 잘 보려면 여러 번 읽고 요지를 파악하는 것이 아니라 한 번 읽고도 그 내용을 전반적으로 이해할 수 있어야 한다.

같이 읽고 떠든다는 것

SBS 스페셜 〈난독시대〉에 소개된 강원도 홍천고등학교는 '같이 읽기'로 문해력이 엄청나게 상승한 학교로 유명하다. 운영되는 독서 동아리만 83개로 전교생의 70%가 독서 토론에 참여하고 있다. 학교 전체가 독서 공동체라 할 수 있다. 친구들과 함께 책을 읽고 이야기를 나누면 책에 관한 흥미와 관심은 저절로 높아진다. 그리고 다른 사람은 어떻게 이 책을 이해했는지를 듣고 다양한 관점을 수용할 수 있다.

실제로 독서 동아리를 경험한 학생은 이런 독후 활동이 대학입시 면접이나 자기소개서를 쓸 때 큰 도움이 되었다고 한다. 한 권의 책을 같이 읽고 생각과 느낌을 타인과 나누는 것은 심층적이고 정교한 독서 활동이다. 독서 토론은 독자들마다 느끼는 다양한 반응을 공유하고, 나와 다른 해석도 경험해 볼 수 있다는 장점이 있다.

예를 들어 현진건의 《운수 좋은 날》을 읽고 '아픈 아내를 두고 돈을 벌러 나간 김 첨지의 행동은 과연 옳은 것인가?'를 주제로 토론을 해 보면 입장이 다 다르다. 어떤 학생은 가장으로서 어쩔 수 없는 선택이었다고 하고, 또 다른 학생은 남편으로서 무책임하다고 말한다. 이때 중요한 것은 그런 주장이나 생각을 한 근거다. 반드시 근거를 들어 생각을 말하려고 노력해야 하며, 나와 다른 생각도 존중해야 한다.

가족과 함께 하는 독서 토론 모임

만약 가족이 독서를 좋아하고 즐긴다면 가족 내에 독서 토론 모임을 만들어 보자. 요즘은 가족 모두가 모여도 각자 스마트폰을 하느라 대화가 점점 단절되고 있다. 가족 내 독서 토론이 가족 문화가 되면 소통이 활성화되고 분위기가 밝아진다.

단, 가족 모두가 독서 토론을 하기 위해서는 책의 난이도가 중요하다. 너무 어려운 책은 독서를 그다지 좋아하지 않는 가족에게 부담이 된다. 그래서 가족 독서 토론 책으로 그림책을 추천한다.

과거에 그림책은 어린이가 주로 보는 책으로 폄하당했다. 하지만 요즘은 다르다. 그림책에 담겨 있는 철학적인 생각들은 어린이와 성인 모두에게 도움이 된다. 그림책 속 그림은 독자에게 생각할 수 있는 메시지를 주는 시각 언어다. 우리는 그림을 읽고 해석하며 다양한 상상과 추론을 할 수 있다. 어떤 그림책을 읽는 것이 좋을지 고민이 된다면 포털 사이트에서 '그림책박물관'을 검색해 보자. 표지나 대략적인 내용 등을 훑어보면서 볼 만한 그림책을 직접 선정해 보는 것도 큰 의미가 있다.

그림책박물관

책 읽기 싫어하는 부모님들도 그림책은 금방 읽을 수 있다. 여러분이 그림책을 같이 읽자고 한다면 아무리 바쁜 부모님이라도 거부하기 쉽지 않을 것이다. 그림책은 글밥이 많은 책보다 친숙하다. 하지만 그 안에는 인생을 살아가는 데 도움이 되는 철학과 묵직한 메시지가 담겨 있다. 가족끼리 그림책만 꾸준히 읽고 이야기를 나눠도 문해력 향상에 큰 도움이 된다.

독서 토론 동아리를 찾아라

같이 읽고 떠들 때 가장 좋은 방법은 학교 내외에서 독서 토론 동아리를 찾아서 가입하는 것이다. 요즘 독서에 관한 관심이 높아서 꽤 많은 학교가 자율이나 창의적 체험활동으로 독서 토론 동아리를 운영하고 있다. 그래서 독서 토론 동아리에 들어가거나 혹은 마음 맞는 친구들과 스스로 자율동아리를 만들어 직접 독서 모임을 주도할 수도 있다.

경기도에 거주하는 친구들이라면 '경기이룸학교(구 경기꿈의학교)'에 있는 독서 토론 학교를 찾아보기를 추천한다. 경기이룸학교는 학생들이 직접 자신의 꿈을 위해 실패와 성공을 경험해 보는 것을 장려하는 학교 밖 학교다. 버스킹, 연극, 영화, 제과제빵, 독서 토론 등 다양한 주제의 학교가 있으므로 자신에게 필요한 것을 찾아 경험해 보면 좋다.

자신이 거주하는 지역에 어떤 독서 프로그램이 있는지 지역 도서관을 중심으로 찾아보는 것도 방법이다. 요즘은 지역 도서관에서 책을 대여해 주는 일 말고도 다양한 활동을 진행하고 있다. 청소년 독서 토론 강좌도 많이 개설되어 있으므로 적극적으로 찾아보자.

하루 10분, 읽고 떠드는 힘

1. 같은 책을 읽고 함께 이야기해 보자.
2. 가족끼리 그림책을 함께 읽고 나누자.
3. 내 주변 독서 토론 동아리를 찾아보자.

국어 탄탄 공부법

첫 단행본인 《사춘기 부모 수업》이 나온 지도 벌써 5년이 지났다. 부모를 위한 자녀 교육서였는데도 자신들 이야기가 나온다며 아이들이 너도나도 책을 구매하고 읽었다. 깔깔거리며 읽고 교무실에 찾아와 사인을 해달라는 아이들도 있었다.

"선생님 다음번에는 저희를 위한 책도 써 주세요."
"그래 다음번에는 꼭 학생들을 위한 책을 쓸게."

책도 재미있다는 것을 알았다며 후속작을 당부했던 여중생이 대학생이 될 정도로 세월이 흘렀으니 미안하기도 하고 부끄럽기도 하다. 그러나 여전히 국어가 고민인 학생들이 많기에 지금이라도 세상에 내어놓을 수 있어서 다행이라는 생각이 든다.

이 책은 나만의 독단적인 아이디어만 담긴 책이 아니다. 나를 가르쳐 주셨던 모든 스승님의 가르침이 집약되어 있다. 책을 읽고 독자들이 직접 내용을 찾아볼 수 있도록 출처를 밝히려고 노력하였으며, 2022년 교육과정을 제시하여 최신의 내용을 제공하고자 하였다. 그와 동시에 국어의 본질에 해당하는 중요한 내용도 빠짐없이 다루려고 애썼다. 국어를 어찌해야 할지 고민하는 독자들이 이 책을 통해 많은 문제를 해결할 수 있기를 바란다.

이 책이 나오기까지 많은 분의 도움이 있었다. 기획부터 함께해 주신 보랏빛소 김철원 대표님과 김이슬 팀장님, 좋은 책이 나올 수 있도록 물심양면 애써주신 김시경 에디터님께 깊이 감사드린다. 부족한 원고를 좋게 살펴봐 주신 국어교육학 박사 한승주 선생님과 냉정한 독자의 눈으로 피드백을 해 준 친구 애희와 도련님에게도 고마움을 전한다. 늘 믿음으로 따뜻하게 지켜봐 주시는 두 분의 어머니와 사랑하는 남편, 그리고 하늘로 가신 그리운 아버지께도 감사하다는 말씀을 드리고 싶다.

국어 탄탄 공부법

초판 1쇄 발행 2024년 9월 10일

지은이 장희윤
펴낸이 김철원

책임편집 김시경
마케팅·홍보 이운섭
디자인 박영정

펴낸곳 보랏빛소
출판등록 2014년 11월 26일 제2015-000327호
주소 서울시 마포구 양화로1길 29 2층
전화 070-8668-8802
팩스 02-323-8803
메일 boracow8800@gmail.com

ISBN 979-11-93010-99-0 (43700)

ⓒ 정희윤, 2024, Printed in Korea